*Create Your Own Beautiful Clematis Garden*

# クレマチスの咲く庭づくり

監修：金子明人
著者：及川洋磨

講談社

*Introduction  New ways of enjoying clematis*
# クレマチスの新しい楽しみ

　するするっと枝がフェンスやバラの間を動き回り、ところどころで自由に花を咲かせる「やわらかさ」がクレマチスの魅力です。和風にも洋風にも合わせることができ、小さいスペースにオベリスクで楽しむ、フェンスにたくさん咲かせる、窓辺を彩る、バラのアーチにからませるなど、つる性の植物ならではの楽しみ方がたくさんあります。

　その表情は、品種によって異なるのはもちろん、育てる環境、組み合わせる資材によっても変化します。時間の経過や株の充実によっても変わるので、人を飽きさせない植物ともいえるでしょう。

　しかし、一見複雑と思われる系統、品種の多さ、自由度の高さゆえ、人気が高い半面、楽しむことがむずかしいと思われてもいるようです。

　そこで、この本では、シーン別に、豊富な作例と演出のポイント、誘引や剪定、そしておすすめ品種をあげるなど、はじめてでも「クレマチスを使ったおしゃれな風景」にむかって足を踏み出せるようにしています。この本をきっかけに、魅力あふれるクレマチスの世界に飛び込んでみてください。

リトル・ボーイ（青）、
アヴァンギャルド（赤）ほか。

# Contents
## クレマチスの咲く庭づくり
## 目次

- クレマチスの新しい楽しみ …………………………… 2
- クレマチスの庭づくり 8つのポイント ……………… 6
- はじめてでも失敗しない
  おすすめのクレマチス図鑑 …………………………… 8

## コンテナ1つで楽しむクレマチス　10
- 鉢栽培は自由度が高い ………………………………… 10
- 鉢の植えつけ（二年生苗）／鉢植えの培養土 ……… 14
- 鉢の植え替え（鉢まし）／枝の留め方 ……………… 15

## 寄せ植えで楽しむクレマチス　16
- ほかの植物と楽しむ …………………………………… 16
- 寄せ植えはむずかしくない …………………………… 18
- 寄せ植えのリフォーム／基本の培養土 ……………… 20
- 土壌改良材／肥料／培養土のブレンド ……………… 21
- コンテナに咲かせたいクレマチス図鑑 ……………… 22

## オベリスクやトレリス、小さな
## スペースに咲かせるクレマチス　24
- 小スペースでも楽しめる ……………………………… 24
- オベリスクへの誘引／花後の剪定と施肥 …………… 27
- オベリスクやトレリス、小さなスペースに
  咲かせたいクレマチス図鑑 …………………………… 28

## 窓辺や壁面で咲かせる
## クレマチス　30
- 豪快に楽しみたい ……………………………………… 30
- 窓辺・壁面の誘引プロセス／窓辺・壁面にクレマチスを咲かせたい！ … 34
- 新枝咲きの誘引 ………………………………………… 35
- 同じ鉢への植え替え …………………………………… 38
- 旧枝咲きの咲かせ方／冬の剪定・誘引で手間いらず … 39

- モンタナを咲かせる／モンタナは四～五年草扱いに … 41
- おすすめのモンタナ図鑑 ……………………………… 41
- 窓辺、壁面に咲かせたいクレマチス図鑑 …………… 42

## アーチに咲かせるクレマチス　44
- コラボで楽しむ ………………………………………… 44
- 植えつけとアーチへの誘引 …………………………… 47
- 庭植えの開花後の剪定／クレマチスの立ち枯れ …… 48
- アーチに咲かせたいクレマチス図鑑 ………………… 50

## フェンス、ゲートに咲かせる
## クレマチス　52
- クレマチスはフェンスと相性がよい ………………… 52
- フェンスの植えつけと誘引 …………………………… 56
- 植えつけ後の誘引／開花／開花後の剪定と施肥 …… 57
- 看板に誘引する／電信柱などを利用するアイデア … 58

## クレマチスのコンビネーション　59
- 組み合わせて咲かせよう！ …………………………… 59

## アーマンディーをフェンスに
## 咲かせる　60
- アーマンディーの冬剪定／開花中の剪定と初夏の剪定 … 61
- フェンスに咲かせたいクレマチス図鑑 ……………… 62

## バラと楽しむクレマチス　64
- クレマチスとバラを咲かせたい ……………………… 64
- バラの特性を知る／バラに合わせたクレマチスの品種選び … 66
- クレマチスとバラを楽しむコツ ……………………… 68
## クレマチスに合わせたい、おすすめのバラ　69

## 庭、花壇に咲かせるクレマチス　70
草花と花壇で楽しみたい ............................................... 70
庭、花壇で咲かせたい、クレマチス図鑑 ........ 72

## クレマチスと草花を楽しむ　74
クレマチスとほかの植物を合わせるメリット ............... 74
組み合わせ方／ほかの植物と植える場合の注意 ......... 75
クレマチスと楽しみたいおすすめの樹木・草花 ... 76

### 金子明人が選ぶ
毎年よく咲く個性的なクレマチス ........................ 78

### 杉本公造が選ぶ
日本の風土に合ったキュートなクレマチス ......... 79

## クレマチスの育て方　80
クレマチスの病害虫図鑑 ................................. 80
クレマチスとは ............................................... 81
クレマチスのおもな系統と咲き方 ...................... 82
クレマチスの苗の選び方 ................................. 84
クレマチスの植えつけ ....................................... 85
クレマチスの日常の管理 ................................. 86
かんたんなクレマチスの剪定と誘引 .................. 87
クレマチスの系統別の咲かせ方 ........................ 90
クレマチスの栽培カレンダー ............................. 92
クレマチスの入手先ガイド ................................. 94
クレマチス図鑑索引 ........................................... 95

**図鑑凡例**

❶学名
❷タネマーク…とくに果球の観賞価値があるもの
❸常緑マーク…常緑のもの
❹おすすめマーク…一度は育てたい、とくにおすすめの品種
❺品種名（和名表記）…日本で一般的に使われている名称。"などは省略
❻系統（咲き方）→旧…旧枝咲き、新旧…新旧両枝咲き、新…新枝咲き
❼開花特性…一季咲き＝基本的に春1回しか咲かないもの。返り咲いてもごくわずか
　返り咲き（弱）＝春の開花後、適切な管理により返り咲くが、返り咲き性がやや弱い
　返り咲き（強）＝春の開花後、適切な管理により返り咲き、返り咲き性が強い
❽開花期…春の開花期は、おおよその最盛期
❾枝の長さ…おおよその枝の伸びる長さ
❿花径…おおよその花の大きさ
⓫花色…花色の特徴を述べた
⓬特徴…その品種の特記すべき事柄
⓭別名…その品種に有力な別名がある場合、適宜記載
※データは関東から関西の平野部標準。気候や環境、育て方、個体差で異なることがあります。

*C. Petit Faucon `Evisix`*
プチ・フォーコン
系統（咲き方）：インテグリフォリア系（新）　開花特性：返り咲き（強）　開花期：5月中～10月　枝の長さ：0.7～1m　花径：6～10cm　花色：光沢のある濃い紫色　特徴：ベル形のように咲き始め、徐々に展開し横むきになる。育てやすく、株の充実にともない株立ちの本数が増して花数がふえる。宿根草のように扱うとよい。　別名：ニュー・ヘンダーソニー

扉：クレマチスのインスピレーションとこの庭オリジナルの白いつるバラ、リマ

*Eight keys to gardening with clematis*

# クレマチスの庭づくり 8つのポイント

クレマチスは、二年生苗を植えてから成木になるまで3〜4年かかります。
本当のパフォーマンスを発揮できるようになるのは、それからです。

### 1　日当たりが大切

1日4〜5時間以上直射日光が当たり、水はけのよい場所に植えましょう。日当たりが悪いと、生育不良となり、花つきが悪くなります。

### 2　環境に合った品種選び

育てる場所に合った品種を選びましょう。耐暑性、耐寒性、枝の伸びなどを事前によく確認しておきます。

### 3　肥料をしっかり与える

庭植えの場合は、とくに冬の寒肥が大切です。鉢植えの場合は定期的に肥料が必要です。ただし、いずれもやりすぎはいけません。

### 4　水やりに注意

庭植えは真夏の乾燥が続くときのみ水やりします。鉢植えは植物の状態を見ながら適宜与えます。総じて、やりすぎて枯らす人が多いようです。

### 5　成木になるまで3〜4年

二年生苗を植えると、株が充実して本来のパフォーマンスを発揮するまで3〜4年かかります。環境や育て方が悪いとさらに時間がかかります。

### 6　庭ではおおまかな剪定で十分

春先に芽が動いていない部分を剪定し、花後は花が咲いたあとを取り除くように剪定します。庭では、系統別の剪定を考える必要はありません。

### 7　細やかな誘引で自由に演出

芽の動き出し後、少なくても週に1回は手を入れ、花を咲かせたい方向に枝を誘引します。全体に散らすだけでも見栄えがします。

### 8　品種や場所に合った資材選び

空間（面積、高さ）と品種（枝の伸び）に適した資材の選定（オベリスク、フェンスなど）で、失敗を防ぎます。

*Recommended clematis for small gardens*

# はじめてでも失敗しない
# おすすめの
# クレマチス図鑑

育てやすく、土の量が限られていてもしっかりと花を咲かせ、なおかつ生育が旺盛すぎない品種。

*C.'Fond Memories'*
### フォンド・メモリーズ

系統（咲き方）：フロリダ系（新旧）　開花特性：返り咲き（強）　開花期：5月中〜10月　枝の長さ：2〜2.5m　花径：12〜17cm　花色：白色地で弁端が濃い桃紫色　特徴：樹勢や開花時期により、花の大きさと色に変化がある楽しい品種。やさしい色合いのため小さなスペースで咲かせても重たくならず、使いやすい。花つきよく育てやすい名花。

*C.'Pixie'*
### ピクシー〈鉢植え向き〉

系統（咲き方）：フォステリー系（旧）　開花特性：一季咲き　開花期：3月中〜4月　枝の長さ：0.5〜1m　花径：2〜3cm　花色：黄色みがかる黄緑色　特徴：小輪のかわいい黄緑花は、咲き進むにつれて黄色みを帯びる。コンパクトにまとまり、支柱なしで枝垂れさせても楽しめ、葉も観賞価値がある。鉢植え向き。関東以西の平地で戸外越冬可。

*C.'Caroline'*
### キャロライン

系統（咲き方）：遅咲き大輪系（新旧）　開花特性：返り咲き（強）　開花期：5月中〜10月　枝の長さ：1.5〜2m　花径：9〜12cm　花色：赤ピンクの筋が入る、桃色みを帯びたサーモンピンク　特徴：比較的株の低い位置から節々に花を咲かせるので、鉢植えでも庭植えでも使いやすい。やさしげな花色で、一輪だけでも株全体でも色のグラデーションが楽しめる。

*C.'Duchess of Edinburgh'*
### ダッチェス・オブ・エディンバラ

系統（咲き方）：早咲き大輪系（新旧）　開花特性：返り咲き（弱）　開花期：5月上〜10月　枝の長さ：1.5〜2.5m　花径：10〜15cm　花色：咲きはじめは緑がかり、徐々に純白へと変化する　特徴：古くから親しまれている白色八重花の代表品種。咲きはじめからの色の変化が美しい。鉢植えでも庭植えでも育てやすく、初心者にもおすすめ。二番花もしっかり八重花が咲く。

*C.'Mikelite'*
### ミケリテ

系統（咲き方）：ヴィチセラ系（新）　開花特性：返り咲き（強）　開花期：5月中〜10月　枝の長さ：2〜2.5m　花径：7〜10cm　花色：黒にも近い濃い赤紫色　特徴：株全体が濃い紫色で覆われる様はなんともいえず美しく、強い日差しの下でとくに魅力を発揮する。株の下のほうからも花芽をつけるので、使いやすい。とても人気のある品種。

*C.'Ryusei'*
### リュウセイ（流星）

系統（咲き方）：インテグリフォリア系（新）　開花特性：返り咲き（強）　開花期：5月中〜10月　枝の長さ：1.5〜2m　花径：7〜10cm　花色：淡い藤色で、濃い紫色の斑点が入る　特徴：花はシルバー系のようにも見え、ほかの品種にはない色合い。葉柄（ようへい）がからみにくいので、誘引がしやすい。アーチの足元への植栽におすすめ。バラの開花時期とも合いやすい。

*C.'Fujimusume'*
### フジムスメ（藤娘）

系統（咲き方）：早咲き大輪系（新旧）　開花特性：返り咲き（強）　開花期：5月上〜10月　枝の長さ：1〜2m　花径：12〜15cm　花色：さわやかな青色　特徴：空色に近い色合いで咲きはじめ、徐々に淡い青色に変わる。株の低い位置からも花をつけ、コンパクトにまとまる。枝が太く丈夫で、側枝にも花をつける。海外でも人気がある日本の名花。

*C.'Betty Corning'*
### ベティ・コーニング

系統（咲き方）：ヴィチセラ系（新）　開花特性：返り咲き（強）　開花期：5月下〜10月　枝の長さ：2.5〜3m　花径：4〜6cm（花長5〜6cm）　花色：さわやかなラベンダーブルー　特徴：日照によって多少の色の変化があるパステルカラーの人気品種。生育旺盛で節々に花をつけ、開花最盛期には蝶が舞っているようなかわいい姿。クレマチスには珍しく香りがある。

*Clematis for containers*

# コンテナ1つで楽しむクレマチス

クレマチスのコンテナがあるだけで、ベランダや庭の表情が変わります。
工夫次第で、いろいろな楽しみ方もできます。

ムーンビームなどフォステリー系のクレマチスは、支柱などなしで枝垂れさせ自然な雰囲気で楽しんでもよい。

フォステリー系のクレマチスは、過湿に弱いので、庭植えより鉢栽培が向いている。

### 鉢栽培は自由度が高い

　はじめてクレマチスを育てるときは、鉢栽培からはじめてもよいでしょう。コンテナで株を充実させ、植物の特徴や育て方のコツをつかむことができます。
　鉢栽培の利点はたくさんあります。
1、品種の性質が確かめられる
　クレマチスは品種ごとに枝の伸びる長さなどが異なります。庭植えする前に、性質が確かめられます。
2、移動できる
　開花時は玄関に、花のない時期は裏庭に置くなど、開花や日当たり、季節に合わせてコンテナをかんたんに移動できます。
3、組み合わせのシミュレーションができる
　クレマチスとバラとの組み合わせやほかの草花との組み合わせ、植えたい場所に合う品種かなどを置くだけで確認できます。
4、土面のない場所でも楽しめる
　ベランダや土面のない場所、小さなスペースでも育てられます。
5、資材に凝る
　鉢やオベリスクなど、好きなデザインのものが楽しめます。
6、広い面積でも咲かせられる
　鉢栽培は根のスペースが限られるため、庭植えよりも枝が伸びませんが、コンテナを大きくすることで、広い面積もカバーできます。
　鉢栽培で気をつけたいのは、管理です。植物の状態に合わせた水やりと、施肥が欠かせません。

白のつるバラ、アルバ・メイディランドが咲き誇るデッキの前に紫のシシマル（紫子丸）と奥にはヴィチセラ系のモーニング・ヘブンを。開花した鉢植えで、フォーカルポイントをつくることができる。枝の伸びる品種は構造物などにからませてもよい。

ペルル・ダ・ジュールなど中、大輪の品種でも枝を枝垂れさせて楽しめる。

庭植えのクレマチス、ザ・ヴァガボンドに、同時期に咲く鉢植えのロイヤリティーを合わせて演出。

支柱にからんだり、枝垂れたりと、自由に咲き乱れる姿が魅力的なピクシー。

ホシノタンゴ（星のタンゴ）などは株が充実するとあふれるほど咲き誇る。背後の風景と合わせて楽しむ。

ペトレイを吊り下げ式の鉢で、ハンギングと合わせて。下垂する枝がより効果的に。

カートマニー・ジョーの鉢を木の根元の花壇に置いて華やかさをプラスワン。花後には裏で養生を。

## 鉢の植えつけ（二年生苗）

　植えつけは9〜11月、2〜6月が適期です。苗は、二年生苗以上のものにしましょう。培養土は、自分でブレンドしてもよいですが、市販のものが便利です。必ず1〜2節深植えし、元肥を忘れないようにします。

**準備**
二年生苗（シシマル［紫子丸］）、鉢（底穴があり、苗より1〜2回りほど大きく、丈のあるもの）、培養土（市販のものか21ページ参照）、肥料（元肥専用のもの）、鉢底石（なくてもよい）、鉢底網（なくてもよい）

1　鉢底網を敷き、鉢底石を適量入れる。

2　よくブレンドした培養土を適量入れる。

3　苗を置き、1節か2節深植えになるよう調整する。

4　腐った根などは取り除く。

5　ウオータースペースを確保して元肥入りの培養土を入れる。

6　鉢を揺すり、根の隙間に培養土が入るようにする。

7　鉢底から水が出るまで十分に水やりする。

**その他の注意点**
品種名がわかるようにラベルをつけておきましょう。庭植えする前に、1年間鉢栽培で養生すると、失敗が少なくなります。

## 鉢植えの培養土

　培養土は市販のものが便利です。クレマチス専用のものもあります。培養土にお金をかけると結果もよくなります。鉢底石を使用すると、水はけがよくなります。

**培養土**
クレマチス専用のものがおすすめ。安すぎるものは避けたほうがよい。

**鉢底石**
さまざまな商品が販売されている。ネットに入れて使用すると、あとで便利。

## 鉢の植え替え(鉢まし)

植え替えは真夏以外に行えますが、できるだけ休眠期(12〜2月)に行います。一〜二回り大きな鉢に必ず1〜2節深植えし、元肥を忘れないようにします。

**準備**
三年生以上の株(モーニング・ヘブン)、鉢(底穴があり、苗より一〜二回りほど大きく、丈のあるもの)、培養土(市販のものか21ページ参照)、肥料(元肥専用のもの)、鉢底石(なくてもよい)、鉢底網(なくてもよい)

1 よくブレンドした培養土を適量入れる。

2 元の鉢から丁寧に取りだし、腐った根などは取り除く。

3 苗を置き、1節か2節深植えになるよう調整する。

4 ウォータースペースを確保して元肥入りの培養土を入れる。

5 鉢底から水が出るまで十分に水やりする。

## 枝の留め方

クレマチス栽培では枝の誘引が必須になります。作業が頻繁で数も多く、何度も着脱することになるので、ビニールタイを8の字にして使用するとよいでしょう。

1 ビニールタイを構造物などに結わえる。

2 枝をビニールタイに通す。

3 8の字になるようにビニールタイを結わえる。

4 完成。枝を傷めず着脱しやすい。

## *Clematis for mixed container planting*
# 寄せ植えで楽しむクレマチス

ナチュラルに群生させてもよし、鉢植えで身近に観賞するのも楽しいもの。
ほかの植物と寄せ植えすれば、違った魅力が見えてきます。いろいろな楽しみ方の例をご紹介しましょう。

### 金子明人

### ほかの植物と楽しむ

　寄せ植えは、1つのコンテナにいくつかの植物を一緒に植えて育てる手法です。さまざまな植物を同時に育てられ、組み合わせることでコンテナの中に物語をつくることができます。存在感のあるコンテナの寄せ植えは、庭やベランダのフォーカルポイントになります。

　クレマチスは、ほかの植物に比べて根が弱く、寄せ植えに向いていないといわれています。でも、寄せ植えも楽しんでみたいもの。クレマチスの花のない時期は、ほかの植物を楽しむことができます。立体的になるので、一般的な寄せ植えよりも変化に富み、アイデア次第でどんな作品でもつくれ、飾って楽しめます。

　クレマチスの寄せ植えで気をつけたいのは、クレマチスの根は再生力が弱いため、鉢の中を板などで仕切るなどして、ほかの植物と根が接しないようにすることです。

　また、多くのクレマチスはつる植物なので、支柱やトレリスを使って誘引するため、開花位置が地上部と離れます。寄せ植えとしての一体感をだすには、植物選びや配置が大切になります。

　クレマチスは花つきがよく、伸びすぎないものがよいでしょう。新枝咲き系が向きます。寄せ植えする植物は性質に気をつけて選びます。すべての植物に日が十分に当たるように気をつけて管理します。

寄せ植え制作＝宮澤桂子

オベリスクを使って、枝垂れ咲くように誘引した。クレマチスのエミリア・プラター、ブラキカム、バーベナ・リギダ・ベノーサ、カラミンサ・グランディフローラ。

クレマチスは支柱を覆い尽くすほどには茂らないので、支柱も工夫したい。シャープで華やかなクレマチスのレディ・キョウコに、リーフ類のヒューケラ、ロータス・ブリムストーン、ワイヤースペードを合わせて。

ラフな感じにまとめると、雰囲気がでる。クレマチスのキャサリン・クランウィリアム（濃いピンク）、クレマチスのミニベル（薄いピンク）、フクシア、アンゲロニア、ニーレンベルギア、ディコンドラ、メギのローズグローなどで株元をカバー。

複数のクレマチスを使って、変化を楽しんでも面白い。クレマチスに合わせて重厚感のある鉢に、開花期を同時にするか、ずらすかがポイント。クレマチスのジェニー（青）、クレマチスのホワイト・プリンス・チャールズ（白）、ペチュニア、ブルーサルビア、コプロスマ、ソケイ（斑入り）。

### 寄せ植えは
### むずかしくない

　寄せ植えは、クレマチスとほかの植物の根が触れ合わないようにしさえすれば、あとはそれほど気を使う必要はありません。ただ、コンテナが小さすぎるとクレマチスが十分に育たないので、10号以上のコンテナを使います。

　ほかの植物は、特に乾燥を好んだり、過湿を嫌う植物でなければ、よいでしょう。クレマチスと同時に水やりすることになるので、同じ環境を好む植物であれば、管理の手間が省けます。

　クレマチスは深植えにして、2〜3年に1度植え替えます。大きく伸びる旧枝咲き系より、繰り返し咲く新枝咲き系のほうがむきます。

　花の大きな主役的な草花と、小輪系の花や葉ものなど脇役的な植物をバランスよく配置します。一年草や一年草的に扱うものなどは、花が終わったら、順次植え替えます。

## 寄せ植え制作

**準備**

クレマチスの開花鉢で寄せ植えをつくる。
コンテナ、トレリス、培養土（肥料入り）、鉢底石（ネット入りが便利）、仕切り板（なんでもよい）、ビニールタイ、名札、クレマチスのライジング・スター、ミニバラのスイート・チャリオット、コバノランタナ、アンゲロニア、ヒューケラ、カレックス、フィットニア

**1** 水はけをよくする鉢底石を入れる。

**2** 培養土を適量入れる。

 3 仕切り板をすえる。

 4 丁寧につるをはずす。注意して扱い折れないようにする。

 5 培養土の量を調整する。

 6 ポットから丁寧に根をはずし、コンテナに入れる。

 7 クレマチスは深植えが基本。

 8 根を傷めないようにトレリスを立てる。

 9 トレリスにクレマチスのつるを仮留めする。

 10 培養土の量を調整する。

 11 草花を植えていく。

 12 多少詰め込んで植えても大丈夫。

 13 草花の根が回っているときは、少し下の根を取る。

 14 隙間がないように培養土をしっかり入れる。

 15 クレマチスのほうにも培養土を丁寧に入れる。

 16 根を傷つけないよう、指などで丁寧に入れる。

 17 クレマチスのつるを丁寧に誘引する。

 18 名札を刺して、鉢底から水がでるまで水やりする。

## 寄せ植えのリフォーム

寄せ植えは、草花を植え替えながら花を楽しむことができます。植え替えの際は、元肥入りの培養土を使用するなど、肥料切れに注意します。3年後にはすべて植え替えるとよいでしょう。

1 ミニバラ、一年草などが咲き終わった初冬の寄せ植え。

2 ミニバラを剪定し、草花の枯れ葉などを取り除く。

3 黒星病の原因となるので、ミニバラの葉は取り除く。

4 終わった一年草や枯れた草花は根や周囲の土ごと取り除く。

5 元肥入りの培養土であいたスペースにパンジーを植える。

6 指などで培養土を押し込み、根と培養土を密着させる。

7 たっぷり水やりして完成。冬から春まで楽しめる寄せ植えに。オーナメントを飾って楽しんでもよい。

## 基本の培養土

自分でブレンドする場合の基本になる用土です。庭土の土壌改良に使用することもあります。

**赤玉土（小粒）**
赤土をふるいにかけたもので、排水性、保水性、通気性、保肥性がよい。

**赤玉土（中粒）**
通常は小粒を使用するが、排水性を高めたいときは中粒も混ぜて使用する。

**鹿沼土**
保水性、通気性がよい。酸性のため雑菌がほとんどない軽石。

## 土壌改良材

庭土や基本の用土を改良するための用土です。

**堆肥**
牛ふんや樹皮などを発酵熟成させた有機物。土を団粒構造化する。

**腐葉土**
落ち葉を発酵熟成させた有機物。通気性、排水性、保水性をよくする。

**腐葉土（悪い例）**
完熟していないと葉などが分解されておらず、植物の根にダメージを与える。

## 肥料

肥料は必須です。元肥専用、追肥専用などさまざま。確認してから使いましょう。

**有機肥料（粒状）**
動物や植物に由来する肥料。微量要素を含む。おもにばらまいて使用する。

**有機肥料（固形）**
株元から少し離して置いて使用する。

**骨粉**
加熱処理され、リン酸やカルシウムなどが豊富で、おもに庭植えの元肥に使用。

**油粕**
チッ素、リン酸、カリを含有した良質な肥料。おもに庭植えの元肥に使用。

## 培養土のブレンド

質のよい用土を使用すると、結果もよくなります。均等によくブレンドします。

配合の基本は、赤玉土（小〜中粒）：鹿沼土（小〜中粒）：腐葉土＝４：３：３。適量の元肥専用の有機肥料を入れてもよい。

1　分量を間違えないように気をつける。

2　何度も撹拌して均等に混ぜる。

3　底や隅にかたまりが残らないよう気をつけて混ぜる。

4　完成。

# *Pictures of clematis for containers*
## コンテナに咲かせたい クレマチス図鑑

コンテナでもよく花をつけ、枝が伸びすぎず、枝の低めの位置からでも花をつけるものがよい。

**Others**
コイノシズク（恋のしずく）、テンシノクビカザリ（天使の首飾り）、ピクシー、フジムスメ（藤娘）、レディ・キョウコ

*C.'Asao'*
### アサオ（麻生）

系統（咲き方）：早咲き大輪系（旧）　開花特性：返り咲き（弱）　開花期：4月下～10月　枝の長さ：2～2.5m　花径：12～15cm　花色：くすんだ赤桃色で中心が白くぼける　特徴：和を感じる繊細な花色をもち、世界中で愛されている日本の名花。株の充実により、花が半八重になることもある。コンパクトにまとまるので、鉢植えや小さなスペースに適している。

*C.'Catherine Clanwilliam'*
### キャサリン・クランウィリアム

系統（咲き方）：テキセンシス系（新）　開花特性：返り咲き（強）　開花期：5月下～10月　枝の長さ：2～3m　花径：5～7cm　花色：濃い桃紫色で、外側は一段淡い　特徴：はじめはチューリップ咲きで、徐々に展開する。やや濃い色合いが強い日差しに映える。株の下のほうにも花芽をつけるが、枝の伸びもよいので、トレリスなどにしっかり誘引したい。

*C.'Night Veil'*
### ナイト・ベール

系統（咲き方）：フロリダ系（新旧）　開花特性：返り咲き（強）　開花期：5月中～10月　枝の長さ：2～3m　花径：7～9cm　花色：濃い紫色で、やや白く筋状に抜ける　特徴：紫色の花芯と相まって、大人びた雰囲気をもつ中輪花。細めの枝を伸ばしながら、節々に花をつけ、ふわふわ舞うかのように咲く。オベリスクなどにからませ、おおらかに楽しみたい。

*C. patens 'Ruriokoshi'*
### ルリオコシ

系統（咲き方）：早咲き大輪系（旧）　開花特性：返り咲き（弱）　開花期：4月下～10月　枝の長さ：1.5～2.5m　花径：8～10cm　花色：淡い藤色、黄緑色の筋が入る　特徴：自生種カザグルマの選抜種といわれ、ナチュラルな雰囲気をもつ。八重花には珍しい、ほどよい中輪の花で、ダリアの花を思わせるような、重ねの多い花形。株はコンパクトにまとまる。

*C.'Tenku'*
### テンクウ（天空）

系統（咲き方）：早咲き大輪系（旧）　開花特性：返り咲き（弱）　開花期：5月上〜10月　枝の長さ：1.5〜2.5m　花径：10〜13cm　花色：淡い藤色で、黄緑色の筋が入る　特徴：淡い色調の花は大きすぎず控えめで、八重咲きながら重たさを感じさせないので、ほかの花を選ばずさまざまに楽しめる。鉢植えやオベリスクで、おおらかに楽しみたい。

*C. petriei*
### ペトレイ

系統（咲き方）：フォステリー系（旧）　野生種　開花特性：一季咲き　開花期：3月中〜4月　枝の長さ：0.7〜1m　花径：2〜3cm　花色：黄緑みがかる黄緑色　特徴：株全体に星をちりばめたように多数の花が咲く。開花最盛期には香りも感じられる。支柱なしで枝垂れさせても楽しめ、葉も観賞価値がある。鉢植え向き。関東以西の平地で戸外越冬可。

*C.'Emilia Plater'*
### エミリア・プラター

系統（咲き方）：ヴィチセラ系（新）　開花特性：返り咲き（強）　開花期：5月下〜10月　枝の長さ：2.5〜3m　花径：7〜9cm　花色：ややピンクがかる明るい藤色　特徴：植えつけ後数年で、株全体がパステルカラーで覆われるほどの多花性。中輪の花は開花最盛期にも重たすぎずバランスがよい。ほかの花と組み合わせやすい花色。

*C.'Rising Star'*
### ライジング・スター

系統（咲き方）：インテグリフォリア系（新）　開花特性：返り咲き（強）　開花期：5月中〜10月　枝の長さ：1.5〜2m　花径：7〜9cm　花色：落ち着きのある暗赤紫色　特徴：花はやや濃い色合いで、初夏の日差しに映える。横からやや上むきに咲く花は、咲き進むにつれねじれるような動きがでる。葉柄がからみにくいので、誘引がしやすく、扱いが楽。

*C.'White Prince Charles'*
### ホワイト・プリンス・チャールズ

系統（咲き方）：遅咲き大輪系（新旧）　開花特性：返り咲き（強）　開花期：5月下〜10月　枝の長さ：1.5〜2.5m　花径：6〜10cm　花色：白色　特徴：花は淡い藤色で咲き始め、徐々に白色になり、変化を楽しめる。ほどよい大きさの中輪で、枝を伸ばしながら、節々に花を咲かせる。ほかの花と組み合わせやすい花色と大きさ。

*C.'Omoshiro'*
### オモシロ（面白）

系統（咲き方）：早咲き大輪系（旧）　開花特性：返り咲き（弱）　開花期：5月上〜10月　枝の長さ：1.5〜2m　花径：12〜15cm　花色：淡い桃色地で筋と弁端から裏側にかけて桃紫色が入る　特徴：和を感じる繊細な花色のグラデーションが圧倒的に美しい。多花性で、前年枝をしっかり充実させて咲かせる。小さなスペースでなど、近い距離でじっくり観賞したい。

## *Clematis for trellises and small spaces*
# オベリスクやトレリス、小さなスペースに咲かせるクレマチス

クレマチスはつる性だからこそ、小さなスペースで活躍します。
立体的に利用することで、さまざまな可能性がうまれます。工夫次第で思い思いの景色が演出できます。

庭の樹木にクレマチスのニオベ（ナイオビ）をからめ、バラや草花と楽しむ庭。

### 小スペースでも楽しめる

　クレマチスはトゲがなく枝がしなやかなので、人が通る場所や狭い場所にも最適です。

　フェンスやパーゴラなどの既存の構造物やオベリスク、樹木などにからめたり、アーチに誘引して頭上に咲かせたり、枝さえ誘引できれば、どんな場所にも対応できます。積極的にコンテナも利用しましょう。

　ただし、生育旺盛で伸びすぎる品種は避けます。はじめから品種を詰め込みすぎないようにします。

　狭い場所では日照の確保をよく考えましょう。半日陰気味になることも多いので、その場合は株の充実に時間がかかることを覚悟して育てます。また、低日照では二番花が咲きにくくなるので、おもに一番花を楽しみます。花後の剪定をする場合も、強く剪定しすぎないようにします。

オベリスクにロマンティカをラフに誘引し、オベリスクのまわりをフワフワ飛んでいるように咲かせる。

オベリスクを使って、立体的に。手前はテクサ、すぐ奥はデェビェーサなど数種類のクレマチスを楽しむ。

幅があまりなくても、光さえしっかり当たれば、クレマチスのボーダーをつくれる。マジック・フォンテーン、ミサヨ（美佐世）など。

青が美しいヴェノサ・ヴィオラセアで樹木などとともに立体的なシーンを。バラのペネロープとの競演。

25

小さな花壇に竹の支柱で1シーズンのみの垣根をつくり、和風に。白花はアルバ・ラグジュリアンス、奥の青花はリトル・バス。

冬のようす。クレマチスの株元に草花を植え、初夏には競演も楽しめる。

木製のフェンスもクレマチスとの相性はいい。オブジェになるようなデザインのフェンスと派手めのフォンド・メモリーズは、小さい庭の見所になる。

## オベリスクへの誘引

1 オベリスクはクレマチスに向いている。

2 1週間に1回くらい誘引。全体に散らす程度で十分。

3 らせんを描くように誘引すると花つきがよくなる。

4 オベリスクを越えて伸びたら、下にむかって誘引する。

5 シシマル（紫子丸）の開花。四方に花が咲き、絵になる。

## 花後の剪定と施肥

　二番花が望める品種は、花後なるべく早く剪定します。日当たりのよい場所で管理し、適量の施肥を行います。剪定後、伸びる枝を咲かせたい場所へ誘引すると、30〜45日で二番花が咲きます。三番花も同じ手順です。

1 開花後。タネを楽しみたい場合はこのままにする。

2 花の咲いていた部分を取り除くように剪定する。

3 この株の場合は、半分ほどの高さで剪定。

4 剪定後。開花量や時期は品種や環境による。

5 肥料を適量必ず施す。

6 施肥後、鉢底から水がでるまでたっぷり水やりする。

※旧枝咲きの品種は、休眠期に、前年までに伸びた枝を下のほうにぐるぐる巻きにしておく。

## *Pictures of clematis for small spaces*
# オベリスクやトレリス、小さなスペースに咲かせたい
# クレマチス図鑑

クレマチスの園芸品種の中で、大きくなりすぎず、丈夫で花つきのよいおすすめ品種。

**Others**
キャロライン、ダッチェス・オブ・エディンバラ、ベティ・コーニング、マリア・コルネリア

*C.'Terasawa'*
### テラサワ（寺沢）
系統（咲き方）：早咲き大輪系（旧）　開花特性：返り咲き（弱）　開花期：5月上〜10月　枝の長さ：1.5〜2.5m　花径：12〜15cm　花色：さわやかな青色、淡い色合いの筋が入る　特徴：光の加減で花の印象が変わる。丸弁で重なりのよい整った花形をもち、株の低い位置からもしっかり花を咲かせるので、鉢植えに向き、オベリスクやトレリスなどとの相性がよい。

*C.'Mazury'*
### マズリー
系統（咲き方）：早咲き大輪系（新旧）　開花特性：返り咲き（強）　開花期：5月中〜10月　枝の長さ：2〜3m　花径：12〜14cm　花色：淡い藤色、弁先がほのかに紅色がかる　特徴：さわやかな色彩が初夏によく似合う。伸びのよい枝は太く、丈夫で育てやすい。大輪の八重花にしては珍しく、節々に花を咲かせ、返り咲きの性質もある。

*C.'Buckland Beauty'*
### バックランド・ビューティー
系統（咲き方）：ヴィオルナ系（新）　開花特性：返り咲き（強）　開花期：5月中〜10月　枝の長さ：2〜3m　花径：2〜3cm（花長2.5〜3cm）　花色：光沢のある赤紫色　特徴：大きめの壺型の花は存在感がある。シックな雰囲気の花を、枝を伸ばしながら節々に咲かせる多花性品種。株の下のほうにも花芽をつけるので、小さなスペースでも使いやすい。

*C. fusca*
### フスカ
系統（咲き方）：ヴィオルナ系　野生種（新）　開花特性：返り咲き（強）　開花期：5月中〜10月　枝の長さ：2〜3m　花径：2〜3cm（花長2.5〜3cm）　花色：黒色にも近い濃い紫色　特徴：毛に覆われたかわいい壺型で、黒に近い花色で咲き始め、徐々に紫が強くなる。枝を伸ばしながら節々に花を咲かせる。株の下のほうからも花芽をつけ、小さなスペースでも楽しめる。

*C.* Victor Hugo ='Evipo 007'

### ヴィクター・ヒューゴ

系統（咲き方）：インテグリフォリア系（新）
開花特性：返り咲き（強）　開花期：5月中～
10月　枝の長さ：1.5～2m　花径：7～
10cm　花色：赤色みがかる濃い紫色　特徴：
大人の雰囲気が漂うシックな中輪花。節々に花
を咲かせる多花性種。葉柄がからみにくいので、
誘引しやすく扱いが楽。開花丈もほどよく、さ
まざまなシーンで使いやすい。

*C.* 'The President'

### ザ・プレジデント

系統（咲き方）：早咲き大輪系（新旧）　開花特
性：返り咲き（強）　開花期：5月上～10月
枝の長さ：2～3m　花径：13～17cm　花色：
青紫色　特徴：青紫色系の名花。やや波打つ剣
弁の受け咲きで、存在感のある大輪。側枝にも
花をつける多花性で、見ごたえがある。枝が太
く丈夫なので、初心者にもおすすめ。切り花に
も向く。

*C.* 'Juuli'

### ユーリ

系統（咲き方）：インテグリフォリア系（新）
開花特性：返り咲き（強）　開花期：5月中～
10月　枝の長さ：1.5～2m　花径：7～
10cm　花色：ややピンク色みを帯びた青紫色
特徴：生育旺盛で、多花性。葉柄がからみにく
いので、誘引しやすく、扱いが楽。小さなス
ペースのフェンスやオベリスクで楽しめるほ
か、支柱なしで地面を覆うようにしてもよい。

*C.* 'Madame Édouard André'

### マダム・エドワード・アンドレ

系統（咲き方）：遅咲き大輪系（新旧）　開花特
性：返り咲き（強）　開花期：5月中～10月
枝の長さ：2～2.5m　花径：10～12cm
花色：くすんだ赤紫色で細かい斑点が入る　特
徴：黄色の花芯とのコントラストがよく、落ち着
きのあるシックな雰囲気。中輪の剣弁花でシャ
ープな花形。ほどよい大きさで花つきもよいの
で、いろいろなシチュエーションで使いやすい。

*C.* 'Mikla'

### ミクラ

系統（咲き方）：遅咲き大輪系（新旧）　開花特
性：返り咲き（強）　開花期：5月中～10月
枝の長さ：1.5～2.5m　花径：11～14cm
花色：白地に、淡い紅色と緑色が混ざったよう
な筋が入る　特徴：花弁が繊細な色合いで美し
い。ナチュラルな雰囲気なので、ほかの植物
とも合わせやすい。コンパクトにまとまるので、
鉢植えや小さなスペースでの利用に向く。

*C.* 'Shishimaru'

### シシマル（紫子丸）

系統（咲き方）：フロリダ系（新旧）　開花特性：
返り咲き（強）　開花期：5月中～10月　枝
の長さ：2～3m　花径：9～12cm　花色：
外側に向かって濃くなる紫色　特徴：淡い色合
いで咲き始め、徐々に濃い紫色の八重花へ展開
する。充実した株の咲き姿は圧巻。株の下のほ
うにも花芽をつけ、枝の伸びもほどよいので、
小さなスペースで使いやすい。

*Clematis for around windows and on walls*

# 窓辺や壁面で咲かせる
# クレマチス

窓辺や庭いっぱいに咲くクレマチスは豪華で華やかです。
手がかりや、針金、メッシュフェンスなどを利用して、枝を伸ばしましょう。

ミケリテの濃い紫色が
白い原種のバラ、ロサ・
ムリガニーと映える。
伸びてきた枝をバラの
枝も利用しながら、窓
辺にもっていきたい。

### 豪快に楽しみたい

　窓辺や壁面は広い面積をカバーすることも多いので、枝の伸びのよい、生育旺盛な系統、品種がおすすめです。特に枝の節々に花を咲かせるものがよいでしょう。

　まず、メッシュフェンスを立てるか、窓枠などの手がかりを利用するなどして、クレマチスの枝を誘引できる状態にします。植える位置は咲かせたい位置から枝の伸びる長さを逆算して決めます。

　返り咲きの品種（新枝咲きや新旧両枝咲き）は、春から初夏にかけて1週間に1度くらい、伸びた枝を誘引していきます。

　壁面では細かいことは気にせず、必要なところに散らばるように誘引します。ただし放任すると、枝同士がからまり、1ヵ所にかたまって咲いてしまいます。

　窓辺では、窓を囲んで花が咲くように、枝を窓枠のまわりに誘引します。その際、異なる品種を両側からもっていくと、より華やかになります。

　思ったところに花を咲かせるには、蕾の形がわかるくらいに枝が伸びたときに、蕾を咲かせたい位置に誘引します。

　春の開花後、半分ほどの長さに切りつめ、枝を株元から間引くと、再度開花します。ただし、二番花以降の開花状況は、品種や環境によります。とくに庭の中での確実なコントロールはむずかしいので、無理せず楽しみましょう。

　なお、一季咲きの品種（旧枝咲き）は、休眠期に前年に伸びた枝を誘引しておきます。その後は枝同士がからまないように誘引しながら開花を待ちます。開花したらタネを観賞するか花がら切りをします。

ロマンティカは、壁面をこれだけの花で覆う夢を叶えてくれる品種。きちんと光を当て、肥料もしっかり与えたい。手前のバラはブルー・ランブラー。

ピンク・ファンタジーは上の写真のロマンティカと時間差で咲く。枝がかたまりにならないように、あいている部分に誘引。

壁面に15cm間隔くらいで格子状にネジを打ち、針金を張る。壁が心配ならネジを打ったところをコーキングするとよい。

壁面の前に大きめの格子を設置し、テッセンが自分の枝にもからみながら自然な雰囲気で咲いている。壁面を傷つけたくない場合は、こういう工夫もあり。バラはソニア・リキエル。

バラにはないさわやかな青系のブルー・エンジェルを、壁面にピンクのバラ、バレリーナと一緒にからませることができるのもクレマチスならでは。

壁面の前にフェンスを設置し全体にからませている。ジョセフィーヌなど旧枝咲きタイプ（咲き方は新旧両枝咲き）の場合、花後に伸びる枝を充実させると、こういう景色をつくれる。ポイントは、日当たりの確保と肥料をしっかり与えること。右下のクレマチスは、エルサ・スパイス。

壁面に釘を打ち、針金を張って、ピールやキリ・テ・カナワなど数種類のクレマチスをからませている。株の間隔を50cmくらいとると、育てやすい。クレマチスとつるバラの場所を分けることで、管理が楽になる。屋根のバラは、ポールズ・ヒマラヤン・ムスク・ランブラー。

6月上旬。鉢植えでも窓辺と壁面いっぱいにクレマチスを咲かせて、夢の空間に。手前の青花はリトル・ボーイ、奥の赤花はアヴァンギャルド。

壁面に、赤のアヴァンギャルド、白のジャックマニー・アルバ、赤紫のリトル・バタフライ。

## 窓辺・壁面の誘引プロセス

### 窓辺・壁面にクレマチスを咲かせたい！

　窓辺や壁面は場所をとらず、クレマチスが大活躍できる場所です。バラほど病害虫やトゲがなく作業しやすいので、もっと活用しましょう。コンテナでも十分に魅力的な風景がつくれます。鉢栽培のポイントは定期的な施肥です。

　まずクレマチスを誘引したい場所に針金やメッシュフェンスなどを配置し、枝を誘引できるようにしておきます。できれば苗を植えつける前がよいでしょう。

　春先から枝が伸びるたびに誘引します。誘引に際しては、芽出しから枝の伸びはじめは弱く折れやすいので、3〜5節ほど伸びて適度な硬さになってから誘引をします。壁面の場合は全体に散らすように、窓辺は窓を囲むように丁寧に作業します。

　花の大きさ、花形、色のさまざまな組み合わせもクレマチスの楽しみです。単植よりも表情が豊かになります。

## 新枝咲きの誘引

新枝咲きはおもに新しく伸ばした枝の節々か先端部分に開花します。ほぼ地際からスタートできるので、冬の剪定に悩みません。

1 芽が動きだす前に株を植えつけ、誘引の準備をする。

2 品種名がわかるようにラベルをつけておく。

3 3月の状態。芽出しの時期なので、春の剪定・誘引を行う。

4 芽の出なかった枝、枯れた枝を切除する。

5 多少伸びている枝は誘引し、よい芽の上で剪定する。

6 不要な枯れ枝などは病害虫の温床になるので切除する。

7 整理後の株。勢いのよい芽が残っている。

8 4月中旬の状態。水やりなどの管理をしっかり行う。

9 1週間に1回ほどのペースで、伸ばしたい場所に誘引する。

10 4～5月は勢いよく枝を伸ばす。

11 4月末の状態。さらに枝を伸ばしていく。

12 窓枠は手がかりがなければ、針金などを張る。

13 壁面に隙間なく枝を散らしていく。

14 ビニールタイを8の字にして枝を留めると、傷みにくい。

15 枝がおさまりきらなくなったら、下方に折り返す。

16 放射状にまんべんなく枝配りをする。

17 5月中旬。蕾のある枝を咲かせたい位置に誘引する。

18 6月初旬。開花。株が充実すると開花期間が長くなり、開花期を合わせやすくなる。

19 7月初旬。開花終了。二番花を咲かせたい場合は剪定する。

20 花の咲いていたまとまりを取り除くように剪定する。

21 枯れた枝、枝が多すぎる場合は適宜間引く。

22 剪定後、適量を施肥する。

23 剪定後の状態。同じように誘引していく。

24 二番花以降、品種にもよるが開花量は一番花より少なくなる。

25 8月中旬。二番花の開花。

26 剪定、施肥して三番花を咲かせる。

## Column

### 剪定した花でアレンジを

剪定で切った枝は、アレンジに使いましょう。

一般に、クレマチスは葉や側枝があり水分の蒸散量が多く、水揚げしにくいといわれます。

切ったらすぐに、茎の根元をハサミの柄などの硬いもので叩いて割りほぐし、吸水面を広げると、水揚げしやすくなります。花首の下まで30分は深水につけておきましょう。

アレンジは、1品種だけよりも複数品種混ぜ、色や花形を混ぜると魅力的になります。

アンティーク調のジョウロに、ミケリテ、プリンス・チャールズなどを。

剪定したリトル・ボーイを無造作に投げ入れて窓辺に。

## Column

### クレマチスのタネを楽しむ

一般的には、タネをつけると株が弱るので、タネの観賞はあまりすすめられません。

しかし、クレマチスのタネは個性的で観賞価値が高いので、部分的に剪定をせずに花がらを残し、タネを楽しんでもよいでしょう。

その場合、ある程度充実した株にしましょう。

とくに早咲き大輪系、アトラゲネ系、フラミュラ系、タングチカ系、シルホサ系のタネは見ごたえがあります。なお、品種によっては観賞価値のないものもあります。

個性的なクレマチスのタネは、庭のアクセントに。

27　8月中旬。花の咲いていたまとまりを剪定する。

28　枯れた枝を切除し、多すぎる枝は株元から間引く。

29　麻ひもなどで全体を留めてもよい。

30　作業終了。誘引しながら開花を待つ。

31　10月初旬。花の量は少なくなるが三番花が咲く。

## 同じ鉢への植え替え

　10号鉢以上になると鉢ましがむずかしいので、同じ鉢に植え替えます。品種の系統がわからない場合はある程度枝を残し、春の芽で判断します。

1　休眠期。ざっくりと剪定する。

2　ある程度枝を残し、ひもでしばる。培養土と肥料を準備。

3　びっしりと根が張り、土を使い切っている。

4　根鉢を叩いて土を落とし、腐った根は除去。

5　根を水洗いして古い土を落とす。

6　傷んだ根を中心に根鉢の下のほうを除去する。

7　深植えして、培養土を根の奥まで入れる。

8　元肥を置く。

9　鉢底から水がでるまで、たっぷり水やりする。

# 旧枝咲きの咲かせ方

5月初旬の開花。早咲き大輪系のマンシュウキ（満州黄）など、クレマチスは和風の庭にもよく似合う。

## 冬の剪定・誘引で手間いらず

　早咲き大輪系などの旧枝咲きの品種は、春先の剪定と誘引をしっかり行うと、開花まで手間がかからず、ある程度計算どおりに咲かせられます。

　まず、剪定しながら枝をはずします。葉柄は切除し、枝が多少折れてもかまいません。

　剪定は、取りはずした枝の先端の芽のふくらみを確認し、ふくらんだ芽から上を切除します（弱剪定）。

　すべての枝の剪定が終わったら、メインの枝から順に、フェンスなど平面的なものであれば、S字を描くように、オベリスクなど立体的なものにはらせんを描くように誘引します。その際、枝配りを誘引するものの1/2〜2/3ほどの高さにとどめます。前年の枝から3〜5節伸ばして咲くので、計算して誘引します。

　芽の動きだしから開花までの誘引は、枝のかたまりをつくらないようにする程度です。

　あとは、花後に花がら切りを行います。

### 芽や茎の見分け方

枝の一番上のぷっくりとふくらんだ芽の上の節の真ん中で剪定。

芽のわかりにくい枝は、切り口が緑色をしているところまで切る。

**1** 2月の状態。剪定・誘引は2月中旬〜3月上旬に行え、早めがベスト。日照のよい場所で育て十分に肥料を与えて枝を充実させるとよい。

2 枝の一番上の充実した芽の上の節の中間で剪定する。

3 巻きついた葉柄は切る。

4 すべての枝をはずす。

5 枝が多少割れたり折れても気にせず作業をする。

6 すべての枝をはずした状態。

7 枯れている枝や未熟な枝は株元から切除。

8 ビニールタイなどを8の字にして枝を留める。

9 S字を描くように丁寧に誘引していく。

10 余った枝を斜めに誘引して変化をつける。

11 有機肥料を適量しっかり施す。

↑
スペースを残す

12 完成。上部に1/3ほどのスペースを残し、春先から伸びる枝を咲かせたい位置に適宜誘引する。開花後、花がら切りをする。以後冬まで、時折枯れ葉や枯れ枝の切除やはみ出した枝の整理をするだけでよい。

枕木を使ったラティスにスプーネリをからめ、春の訪れを告げるフェンスに。

エリザベスなどモンタナ系は枝の伸びがよいので、樹木や構造物に。自然な雰囲気を演出。

## *Making Clematis montana bloom*
## モンタナを咲かせる

### モンタナは四〜五年草扱いに

　モンタナは生育旺盛ですが、日本の高温多湿に弱いので、関東以西では夏を乗り越えても4〜5年で枯れてしまうことが多いようです。

　ただ、春にかわいい小輪花を株全体で咲き誇らせる姿は価値が高いので、寒冷地（高地、東北、北海道）以外では、四〜五年草扱いにして楽しんだらいかがでしょうか？　生育旺盛ですぐに茂るので、4〜5年でも十分に楽しめます。4〜5年ごとに異なる品種が楽しめます。

　なお、剪定・誘引は、一季咲き（旧枝咲き）に準じます。

#### そのほかのモンタナ
プロスペリティー、メイリーン

# おすすめのモンタナ図鑑

### *C.'Elizabeth'*
### エリザベス

系統（咲き方）：モンタナ系（旧）　開花特性：一季咲き　開花期：4月中〜5月　枝の長さ：4〜5m　花径：4〜6cm　花色：ピンク色　特徴：モンタナ系のピンク花の人気品種。春にかわいい小輪花が株を覆うように咲き、甘いバニラのような香りもある。暑さや蒸れにやや弱い。

### *C.'Sir Eric Savill'*
### サー・エリック・サビル

系統（咲き方）：モンタナ系（旧）　開花特性：一季咲き　開花期：4月中〜5月　枝の長さ：3〜4m　花径：5〜6cm　花色：ピンクと白が混じり、脈が筋状に目立つ　特徴：モンタナ系の中でも大きめの花は、ふくよかな丸姿で、やさしい色合い。一つひとつの花の色合いが微妙に異なるのも魅力。暑さや蒸れにやや弱い。

### *C.'Yukinohana'*
### 雪の華

系統（咲き方）：モンタナ系（旧）　開花特性：一季咲き　開花期：4月下〜5月　枝の長さ：3〜4m　花径：5〜6cm　花色：白色　特徴：花は緑色気味で咲き始め、徐々に白みをまし、紅色がかることもある。若い株のころからしっかり八重花が咲く優秀な品種。暑さや蒸れにやや弱い。

## Pictures of clematis for around windows
# 窓辺、壁面に咲かせたい
# クレマチス図鑑

枝の伸びのよい生育旺盛な系統、品種がおすすめ。枝の節々に花を咲かせるものが使いやすい。

**Others**
キングス・ドリーム、セム、マダム・ジュリア・コレボン、マンシュウキ（満州黄）、ミケリテ

---

*C. 'Avant-garde' = 'Evipo 033'*
### アヴァンギャルド

系統（咲き方）：ヴィチセラ系（新）　開花特性：返り咲き（強）　開花期：5月下〜10月　枝の長さ：2.5〜3.5ｍ　花径：4〜6cm　花色：ワインレッド、花芯は桃色　特徴：名前の通り、アヴァンギャルド（前衛芸術）的な色合いと花形の八重花。枝の伸びがよく、生育旺盛で多花性だが、小輪花のため開花最盛期にも株姿のバランスがとれている。洋風の庭に適している。

---

*C. 'Rosea'*
### ロゼア（ヴィチセラ系）

系統（咲き方）：ヴィチセラ系（新）　開花特性：返り咲き（強）　開花期：5月下〜10月　枝の長さ：2〜3ｍ　花径：4〜5cm　花色：ほんのり淡いピンク色　特徴：下むきの小輪花で、ほんのりした花色と相まってやさしげな雰囲気を醸し出す。主張しすぎない花色と花の大きさなので、ほかの品種と組み合わせて窓辺や壁面に使うとおもしろい。

---

*C. 'Romantika'*
### ロマンティカ

系統（咲き方）：遅咲き大輪系（新旧）　開花特性：返り咲き（強）　開花期：5月下〜10月　枝の長さ：2〜3ｍ　花径：8〜11cm　花色：黒色に近い濃い紫色　特徴：花は横むきに咲くので、アーチはもちろん、フェンスなど平面的な場所へ誘引しても魅力を発揮する。枝の伸びがよく、多花性で、開花最盛期には見事に咲き誇る。

---

*C. 'Josephine' = 'Evijohill'*
### ジョセフィーヌ

系統（咲き方）：早咲き大輪系（新旧）　開花特性：返り咲き（弱）　開花期：5月上〜10月　枝の長さ：2〜2.5ｍ　花径：12〜15cm　花色：ラベンダーピンクで、濃いピンクの筋が入る　特徴：中央から花弁をじっくり展開させていくユニークな咲き方。1ヵ月は楽しめるほど花もちがよい。ほかにはない花姿は、歴史的名花と評価できるほど個性にあふれている。

42

### *C. Galore = 'Evipo 032'*
## ギャロル

系統（咲き方）：遅咲き大輪系（新旧）　開花特性：返り咲き（強）　開花期：5月中〜10月　枝の長さ：2〜3.5m　花径：9〜12cm　花色：濃い紫色、筋状に淡く色が抜ける　特徴：発色のよい、輝きのある色合いで、初夏の強い光線の下で映える。すこぶる花つきがよく、見ごたえのある大きさの花が株全体に咲き誇る。レンガ塀など洋風の背景にもよく似合う。

### *C. Wisley = 'Evipo 001'*
## ウィズリー

系統（咲き方）：遅咲き大輪系（新旧）　開花特性：返り咲き（強）　開花期：5月下〜10月　枝の長さ：2〜3m　花径：9〜11cm　花色：青紫色で、咲き始めにやや赤みがかる筋が入る　特徴：ほどよい大きさの中輪花で、黄色の花芯とのコントラストが美しい。濃い色合いが、強い日差しの下でも映える。節々に花をつける多花性種で、使いやすい品種。

### *C. florida var. sieboldiana*
## テッセン

系統（咲き方）：フロリダ系　野生種（新旧）　開花特性：返り咲き（強）　開花期：5月中〜10月　枝の長さ：2〜3m　花径：7〜10cm　花色：白色の花弁に弁化した雄しべが紫色　特徴：和風にも洋風にも使いやすい人気品種。細めの枝を伸ばしながら節々に花を咲かせ、観賞期間が長い。夏場に生育を休む。寒冷地では戸外越冬がむずかしい。

### *C. 'Pink Fantasy'*
## ピンク・ファンタジー

系統（咲き方）：遅咲き大輪系（新旧）　開花特性：返り咲き（強）　開花期：5月中〜10月　枝の長さ：2〜2.5m　花径：9〜12cm　花色：淡いピンクで、一段濃い筋が入る　特徴：剣弁の中輪花で整った花形で、赤色の花芯とのバランスもよい、ピンクのグラデーションが美しい名花。多花性で、株の充実度によっては、窓辺や壁面を花で覆うほど咲かせることができる。

### *C. 'Huldine'*
## フルディーン

系統（咲き方）：遅咲き大輪系（新）　開花特性：返り咲き（強）　開花期：5月下〜10月　枝の長さ：3〜4m　花径：7〜10cm　花色：パールホワイト、裏側は桃藤色の筋が入る　特徴：輝きのある花色は上品で、表と裏の対比が美しい。力強く枝を伸ばし、節々に次々と花を咲かせる多花性種。使いやすい花色なので、ほかの品種と組み合わせて壁面を飾るとよい。

### *C. 'Little Boy'*
## リトル・ボーイ

系統（咲き方）：インテグリフォリア系（新）　開花特性：返り咲き（強）　開花期：5月中〜10月　枝の長さ：1.5〜2m　花径：4〜6cm　花色：濃い紫色で、ややしぼりが入る　特徴：花は壺型から徐々に展開し、横むきからやや下むきに平開。側枝にも花をつける多花性で、返り咲き性も強い。葉柄がからみにくいので、誘引がしやすく、扱いが楽。切り花にもよい。

## *Clematis for arches*
# アーチに咲かせるクレマチス

庭の憧れ、アーチにクレマチスを咲かせましょう。鉢栽培でも演出できます。
クレマチス同士やバラとのコラボレーションが素敵です。

枝の伸びのよい品種で夢のアーチを実現。青のジャックマニーと足元には木立性クレマチスの白花マンジュリカで。

### コラボで楽しむ

　アーチにはさまざまなタイプがあるので、アーチの大きさや幅により適する品種は異なります。とはいえ、クレマチスはトゲがなく枝がやわらかいので、つるバラよりもアーチに向きます。
　アーチの上部で咲かせる品種と、中段以下で咲かせる品種を分けて考えるとよいでしょう。
　アーチの上部には生育旺盛な品種を選び、アーチの高さ１〜1.5mくらいまでにはインテグリフォリア系で半つる性の枝の伸びのよいタイプやヴィチセラ系を選びます。一季咲き（旧枝咲き）でも大丈夫です。ただし、バラと組み合わせるときには剪定に注意します。
　バラのアーチにクレマチスを加える場合、枝を上のほうまで伸ばして咲かせるには、遅咲き大輪系、ヴィチセラ系、テキセンシス系、ヴィオルナ系が向き、バラの足元を補完するように咲かせるには、上記と同じです。

シンプルなアーチにマダム・ジュリア・コレポンを1品種ですっきりと上品に。

アーチの下段。パステルカラーのクレマチス、プリンス・チャールズとバラで一度はやってみたい色合わせ。

アーチの中段。紫のカスムとベル形のリトル・バスを合わせ、異なる色と花形のコラボレーション。表情に奥行がでる。

アーチの上段をつるバラのローブリッターが担当し、単独では出せない魅力を発揮している。

ピンクのバラ、バレリーナの枝にからまりながら咲くクレマチスのカール。バラより遅く咲く品種は、バラの陰になり枝が充実しにくくなるので、光が当たるように誘引する。

エトワール・ヴィオレットをシンプルなアーチに素直に誘引したお手本。枝を散らすように誘引するだけでふんわり咲き、絵になる。

白バラのフェリシテ・エ・ペルペチュの下で枝垂れて咲く、やわらかな姿がクレマチスならでは。アオテアロアをゆるやかに誘引。

### 植えつけとアーチへの誘引

苗（ロコ－コラ）と土壌改良材（堆肥スコップ2杯分、腐葉土スコップ2杯分）、肥料（元肥え専用肥料、骨粉、油粕）適量を準備します。植えつけ適期は9～11月、2～6月。日当たりよく水はけのよい場所に。

1　植え穴は直径40cm、深さ40cm程度。

2　植え穴に堆肥、油粕、骨粉を入れ、よく混ぜる。

3　根に肥料などが当たらないよう、土を少し戻す。

4　苗は1～2節深植えになるようにする。

5　根を傷つけないように鉢から取りだす。

6　苗を植え、腐葉土と元肥を混ぜた土を戻す。

7　土を手で押さえ、ウォータースペースをつくる。

8　伸びている枝を仮留めする。

9　十分に水やりし、名札をつける。

### Column
#### バラのアーチに合うクレマチス

インテグリフォリア系の半つる性のタイプは、アーチの上までは伸びないが、つる性と異なり葉柄がからみにくい。バラより下で咲き、開花時期も合わせやすく、返り咲きしやすいのでおすすめ。

10　誘引は適宜必要だが、枝がかたまらないように散らすだけ。

11　アーチはフェンスなどより誘引が楽。

12　6月上旬の開花。庭植えでは、堆肥などと肥料をしっかり加えることが大切。アーチの幅が40～50cm以上あるならば、片側に2株植えてもよい。

## 庭植えの開花後の剪定

　庭では、ほかの草花や樹木、隣の家の陰などにより日照が不足しがちです。株の充実に時間がかかることがあり、二番花以降も咲きにくくなります。ほかの植物に埋もれないよう、無理なく日照が得られる位置で剪定します。

　花後、花が咲いていた部分を取り除くように剪定します。早咲き大輪系などは花首下で、ヴィチセラ系などはある程度の枝のまとまりで剪定します。

　剪定と同時にできれば有機肥料を与えます。

1　ジャックマニーの二番花の開花。
2　つるをほどき、クレマチスを構造物からはずす。
3　周囲の状況から、日照が無理なく得られる高さで剪定する。 
4　有機肥料を適量施す。 

## クレマチスの立ち枯れ

　クレマチスを育てていて困るのが、急に枯れてしまうことです。原因はさまざまに考えられますが、まず注意していただきたいのは、「すぐに捨てない」ことです。

　クレマチスはなんらかの障害で上部が枯れても、根が生きていることが多いのです。枯れた部分を取り除き、しばらくようすを見てください。

　枯れる原因で考えられるのは、病気のほかは化学肥料を一度に多く与えたときです。施肥に注意しましょう。

　立枯病対策に絶対的なものはありませんが、頻繁に発生するようであれば、定期的に殺菌剤を散布しましょう。

1　突然、半分枯れてしまったクレマチス。
2　枯れた部分を取り除く。 
3　生きている部分があるので様子をみる。

フェンスにたわわに咲くアンスンエンシス。

冬咲きのアンスンエンシスならではの、雪の風景。

> ## Column
> 
> ### 冬咲きクレマチスを咲かせる
> 
> 　冬咲きのクレマチスは花が少ない秋から冬に楽しめます。
> 
> 　庭植えで利用しやすいのは10〜11月に満開になるシルホサ系と、12〜1月に咲くアンスンエンシスです。
> 
> 　シルホサ系は夏に落葉するので、遅咲き大輪系、ヴィチセラ系、テキセンシス系など剪定後に枝があまり残らないクレマチスと組み合わせられます。アンスンエンシスは生育旺盛な常緑種なので、ほかの植物との組み合わせには向きません。単植で楽しみましょう。

> ## Column
> 
> ### クレマチスを樹木やポールに咲かせる
> 
> 　樹木やポールは、オベリスクと同じく、小さなスペースでも垂直方向の空間を利用し、立体的に楽しめます。
> 
> 　ただ、オベリスクよりも高いものが多いため、伸長力の強いクレマチスを選びます。
> 
> 　樹木の近くにクレマチスを植える場合は、お互いの根が干渉しないように、少し間隔をあけましょう。

ヴェノサ・ヴィオラセアを、バラと一緒に柱に麻ひもで誘引。

ピンクのインペリアルをスタンダード仕立ての樹木（ギョリュウ）に誘引。クレマチスに日照が当たる環境なので、華やかに咲いている。右側の赤いクレマチスは、ルージュ・カーディナル。

## Pictures of clematis for arches
# アーチに咲かせたい クレマチス図鑑

アーチの上方で咲かせたい品種と、アーチの足元で咲かせたい品種は、分けて考えるとよい。

**Other Plants**
オドリバ（踊場）、ブルー・スプライト〈足元〉ユートピア、ラディアンス、リュウセイ（流星）〈足元〉

### *C.'Perle d'Azur'*
**ペルル・ダ・ジュール**

系統（咲き方）：遅咲き大輪系（新旧）　開花特性：返り咲き（強）　開花期：5月下～10月　枝の長さ：3～3.5m　花径：8～11cm　花色：青色の花弁に淡く赤紫色の筋が入る　特徴：つるが太く強健でやや暴れる性質があるが、それを利用してダイナミックに楽しみたい。花つきが抜群なので、アーチはもちろん、壁面を覆うように咲かせて楽しめる。別名：パール・ダ・ズール

### *C.'Jackmanii'*
**ジャックマニー**

系統（咲き方）：遅咲き大輪系（新旧）　開花特性：返り咲き（強）　開花期：5月中～10月　枝の長さ：3～4m　花径：9～12cm　花色：濃い青紫色、中筋があるようにも見える　特徴：古くからフェンス、壁面への濃い青色の定番として使われてきた名花。丈夫で枝が太く、伸びがよいので、アーチなどに向く。広いスペースでゆったりと楽しみたい。

### *C.'Duchess of Albany'*
**ダッチェス・オブ・アルバニー**

系統（咲き方）：テキセンシス系（新）　開花特性：返り咲き（強）　開花期：5月下～10月　枝の長さ：4～5m　花径：4～5cm（花長4～6cm）　花色：ピンクに薄紅色の筋が入る　特徴：かなり生育旺盛で、枝をどんどん伸ばしながら節々に花を咲かせ、1ヵ月は咲き続ける。庭植えにして、アーチなど大きな構造物にからませたい。鉢植えは避けたい。切り花にも向く。

### *C.'Pagoda'*
**パゴダ**

系統（咲き方）：ヴィチセラ系（新）　開花特性：返り咲き（強）　開花期：5月下～10月　枝の長さ：2～3m　花径：4～6cm　花色：淡くピンクがかる藤色、脈に色がのる　特徴：下むきの可憐な花は、蝶が舞っているよう。生育旺盛で、枝を伸ばしながら節々に花を咲かせる。アーチや大きめのフェンスなど、下から見上げるシチュエーションに使いやすい。

*C.'Aphrodite Elegafumina'*

### アフロディーテ・エレガフミナ〈足元〉

系統（咲き方）：インテグリフォリア系（新）
開花特性：返り咲き（強）　開花期：5月中〜
10月　枝の長さ：1.5〜2m　花径：10〜
12cm　花色：光沢のあるビロード状の濃い紫
色　特徴：返り咲き性が強く、多花性。葉柄が
からみにくいので、誘引がしやすく、扱いが楽。
開花時の草丈がちょうどよい。開花期がバラと
合いやすく、一緒に植えても楽しい。

*C.'Alba Luxurians'*

### アルバ・ラグジュリアンス

系統（咲き方）：ヴィチセラ系（新）　開花特性：
返り咲き（強）　開花期：5月下〜10月　枝
の長さ：3〜3.5m　花径：5〜6cm　花色：
白色の花弁の先端に緑色が入ったり入らなかっ
たりの変化花　特徴：丈夫で育てやすく、枝の
伸びもよい。株が充実すると、株全体を覆うほ
どに花を咲かせる。控えめでナチュラルな花色
のため、ほかの花と組み合わせがしやすい。

*C. Inspiration =Zoin*

### インスピレーション〈足元〉

系統（咲き方）：インテグリフォリア系（新）
開花特性：返り咲き（強）　開花期：5月中〜
10月　枝の長さ：1.5〜2m　花径：6〜
9cm　花色：赤色に近い濃いピンクで、中心が
やや白く抜ける　特徴：発色がよく、初夏の日
差しの下で映える。葉柄がからみにくいので誘
引がしやすい。アーチの足元への植栽におすす
め。バラの開花期と合いやすい。切り花にも向く。

*C.'Étoile Violette'*

### エトワール・ヴィオレット

系統（咲き方）：ヴィチセラ系（新）　開花特性：
返り咲き（強）　開花期：5月下〜10月　枝
の長さ：2.5〜3m　花径：6〜9cm　花色：
濃い紫色　特徴：ガーデンに向く濃紫色の花の
代表種。アーチはもちろんのこと、フェンスや
壁面を花で覆いたい場合におすすめ。枝の伸び
がよく、強健で育てやすいので、初心者にも安
心。別名：エトワール・バイオレット

*C.'Kasmu'*

### カスム

系統（咲き方）：ヴィチセラ系（新）　開花特性：
返り咲き（強）　開花期：5月下〜10月　枝
の長さ：2〜2.5m　花径：7〜10cm　花色：
光沢のあるビロード質の紫色の花弁に赤紫色の
筋が入る　特徴：黄色の花芯とのコントラスト
が美しい。横から上むきに咲く、ほどよい大き
さの中輪花。多花性で、枝の伸びもよいので、
アーチやフェンスなどに使いやすい。

*C.'Prince Charles'*

### プリンス・チャールズ

系統（咲き方）：遅咲き大輪系（新旧）　開花特
性：返り咲き（強）　開花期：5月下〜10月
枝の長さ：1.5〜2.5m　花径：6〜10cm
花色：パステルブルーに淡く赤紫色の筋が入る
特徴：花が節々に咲く多花性種。枝の伸びがよ
いので、アーチや大きめのオベリスクなどで楽
しみたい。開花最盛期に株全体で咲く姿のさわ
やかさは、だれが見ても好きになるほど。

*Clematis for fences*

# フェンス、ゲートに咲かせるクレマチス

フェンスは、もっともクレマチスに適した場所といえます。
混植して、いろいろな品種や、バラや草花と楽しみましょう。

## クレマチスはフェンスと相性がよい

　1～1.5mの高さのフェンスであれば、ほとんどのクレマチスの品種が楽しめます。

　フェンスの幅があれば、生育旺盛のタイプのものでも使えるし、多品種の混植も可能です。

　多品種を混植する場合は、開花期をそろえても、わざとずらしても楽しめます。

　混植する場合は、剪定のしかたが同じ種類にすると管理が楽になります。また、複数株を植える場合の間隔は、40～50cmは離すようにします。

　つるバラやほかのつる植物、宿根草などと合わせてもよいでしょう。

　ただし、アーマンディーやセンニンソウなど、生育旺盛な原種の一部は混植には向きません。

　フェンスやゲートは家側からだけでなく、外からも見え、周囲の街並みに参加する景観的にも意味のある構造物です。そこをクレマチスの花で飾り、景観に彩りを与えるのも素敵なことです。

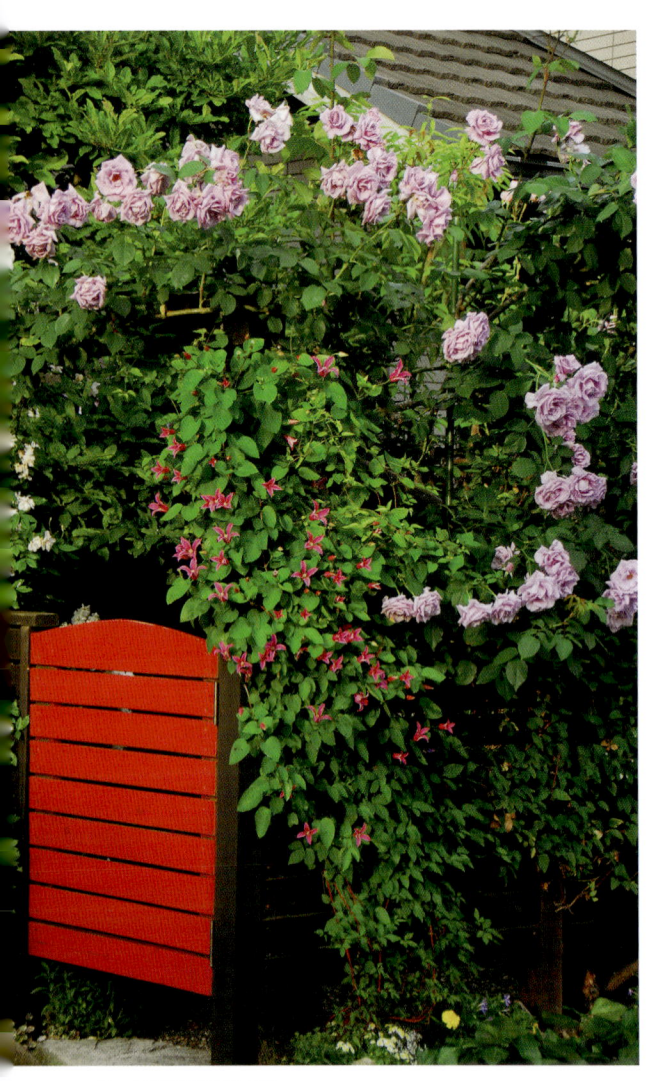

ゲートの鮮やかな色と呼応するかのような赤花のプリンセス・ダイアナが映える。大輪のバラ、紫のつるマダム・ヴィオレと相乗的。

青花のジェニーとピンクのバラ、ラヴェンダー・ドリームとの組み合わせがすばらしい。バラとのコラボレーションで間違いのない色合わせ。足元の草花がさらに引き立てている。

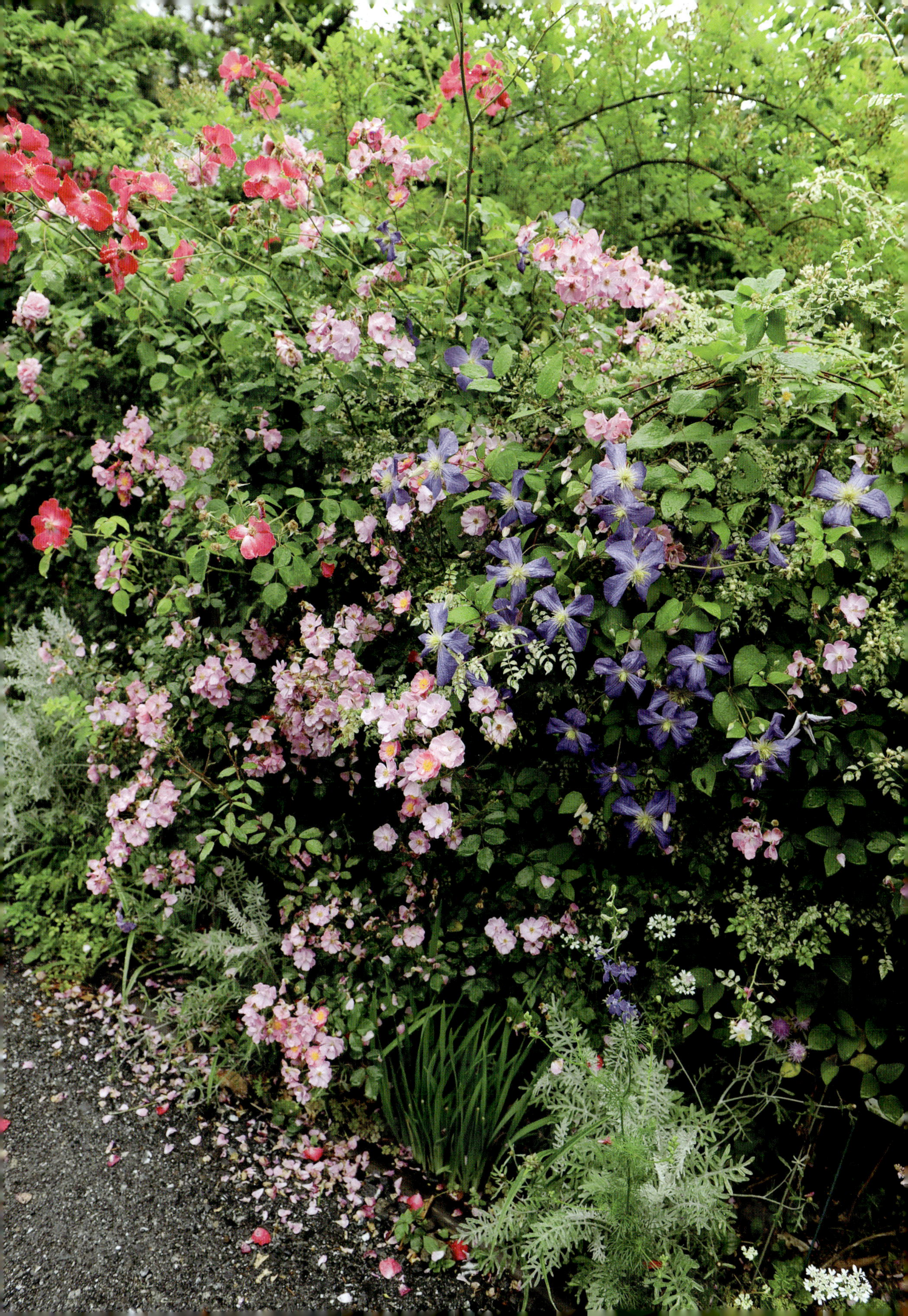

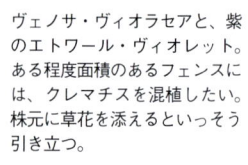

ヴェノサ・ヴィオラセアと、紫のエトワール・ヴィオレット。ある程度面積のあるフェンスには、クレマチスを混植したい。株元に草花を添えるといっそう引き立つ。

フェンスに、クレマチスのフォンド・メモリーズとイングリッシュ・ローズのメアリー・ローズなどを。2つの植物の力で、味気ないフェンスが庭になくてはならない存在に。

木柵の隙間からピョンピョン顔を出しながら咲くようすが愛らしいミストウキョウ（ミス東京）。

常緑のアーマンディーで一年中緑の手すりに。ウッドデッキの手すりが庭の見所に変わる。

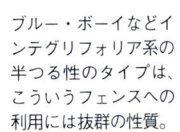

ブルー・ボーイなどインテグリフォリア系の半つる性のタイプは、こういうフェンスへの利用には抜群の性質。

インテグリフォリア系の半つる性のタイプのアフロディーテ・エレガフミナ。濃い紫と淡いピンクの組み合わせがいい感じ。

大輪系は少し離れたところからでも目立つ。ザ・プレジデントをフェンスにからませ、庭のポイントに。

5月中旬の開花。大株になるほど緑が多くなる。混植は40〜50cm間隔以上で。

## フェンスの植えつけと誘引

　苗の植えつけ適期は9〜11月、2〜6月で、水はけ、日当たりのよい場所に植えます。誘引は放射状が基本。枝が長い場合は、S字を描くように誘引します。

**準備**
苗（ダッチェス・オブ・エディンバラ）、土壌改良材（堆肥スコップ2杯分、腐葉土スコップ2杯分）、肥料（元肥専用肥料、骨粉、油粕）適量を準備する。

**1** 直径、深さとも40〜50cmの植え穴を掘る。

**2** 植え穴に適量の油粕、骨粉、堆肥を入れる。

**3** よくかき混ぜる。

**4** 根に肥料などが直接当たらないように、土を少し戻す。

**5** 掘り上げた土に腐葉土と肥料を加える。

**6** まんべんなくよく混ぜる。

**7** 丁寧に苗を鉢から取り出す。

**8** 1〜2節深植えになるように植える。

**9** 根と土が密着するように庭土を戻す。

**10** 芽に気をつけて不要な資材をはずす。

**11** 放射状になるように誘引していく。

12 ウォータースペースをつくる。

13 植えつけ後はしっかり水やりする。

## 植えつけ後の誘引

誘引は枝が一ヵ所にかたまらないように、散らすようにします。ただし、枝が多い場合などは麻ひもなどである程度まとめて留めます。

1 枝を1本ずつ留めるとよりコントロールしやすい。

2 ある程度かたまりにして留めていってもよい。

3 麻ひもなどでまとめてしまうと楽。

## 開花

複数株の混植で、さまざまな品種が楽しめます。同時に、もしくはリレー的に咲かせられます。開花後は二番花やタネも楽しめます。

一季咲き(旧枝咲き)の系統は、軽い花がら切りでよい。

フェンスでは複数の花を楽しみたい。

返り咲きするものは、二番花や三番花を咲かせたい

## 開花後の剪定と施肥

開花後、花首の下か、花が咲いていたまとまり全体の下で、剪定します。庭の中では、剪定後も日照が得られるように注意します。

1 タネをつけると株が弱るので、できれば剪定する。

2 剪定後もほかの草花に隠れないように注意する。

3 剪定後に肥料を適量与える。とくに鉢栽培では重要。

### 看板に誘引する

手がかりさえあれば、クレマチスは多様に演出できます。春から開花まで１週間に１回程度の誘引で枝をコントロールします。

6月初旬の開花。リトル・ネル、ヴェノサ・ヴィオラセアなど。

1　12月中旬。葉が残っているが腰の高さで剪定。

2　4月中旬。伸ばしたい方向に誘引していく。

3　5月初旬。看板の高さを越えるほどに生長。

4　麻ひもなどで伸ばしたい方向に誘引していく。

5　バラの枝も誘引して看板を取り囲む。

### 電信柱などを利用するアイデア

そのままでは枝がからまないものでも、針金やネット、フェンスなどを取り付けて枝をからまるようにします。アイデアと工夫でクレマチスは楽しめます。

開花。ハーモニーが電信柱とフェンスに広がって自然な雰囲気に。

1　無骨な電信柱にネットをかけ、誘引の手がかりに。

2　ビニールタイなどで枝を散らすように誘引していく。

3　緑に覆われ、雰囲気が出る。

58

*How to combine clematis*
# クレマチスのコンビネーション

クレマチスほど花の色と形が多彩な植物は、ほかにありません。
組み合わせることで、景色がより魅力的になります。

### 組み合わせて咲かせよう!

　クレマチスは、組み合わせて咲かせることで、1品種だけからでは出せない表情が生まれます。同時に開花したときの多様さはもちろんのこと、リレー的に咲いていくようすも魅力的です。

　まずは、同じ咲き方（旧枝咲き、新枝咲き、新旧両枝咲き）の系統、品種から選びましょう。開花期が近く、同様な剪定・誘引で管理できます。また、片方の色を白系にすると失敗がありません。

　難易度が高くなりますが、異なる咲き方の品種を組み合わせると、さらに感動がまします。

　クレマチスのコンビネーションは、オベリスクやフェンスなど、誘引さえできれば、どんな場所でも可能です。株の間隔を40〜50cmとります。旧枝咲きの場合は春先の誘引時に、新枝咲きなどは枝が伸びるごとに混じり合うように誘引します。

●絶対おすすめの組み合わせ
エトワール・ヴィオレット＋ヴィル・ドゥ・リヨン
ハルヤマ（晴山）＋ザ・プレジデント
フォンド・メモリーズ＋シロマンエ（白万重）
アルバ・ラグジュリアンス＋エミリア・プラター
ピンク・ファンタジー＋リュウセイ（流星）

●チャレンジしたい組み合わせ
咲き方が異なるため剪定のための調整がむずかしく、開花のタイミングが環境や株の充実度に左右されるが、違う花形の意外性のある組み合わせがすばらしく、成功したときの喜びは格別。

バックランド・ビューティー＋テッセン
ベティ・コーニング＋マズリー

薄紫のミサヨ（美佐世）と八重咲きのマジック・フォンテーン。株を柵の裏側に植え、表側に誘引。ほぼ同時に開花する一重と八重の組み合わせに深みがある。

壁面の前のフェンスに、枝がよく伸び節々に花を咲かせる紫のエトワール・ヴィオレットと赤のヴィル・ドゥ・リヨンを誘引し、ゴージャスに。

同じ一重の左のカキオ（柿生）と右のナターシャS。花弁、花芯の色が異なり、お互いを引き立てあっている。

*Making Clematis armandii and its cultivars bloom*

# アーマンディーをフェンスに咲かせる

人気が高い、生育旺盛な常緑のクレマチス。
株を覆うほど花つきがよく、生け垣や目隠しにとても重宝します。

アーマンディーは誘引と剪定を毎年しっかり行うとバランスよく咲く。周囲には甘い香りが漂う。

　常緑の葉がフェンスや垣根を覆い、開花期間は短いものの、春の訪れを告げて株全体で咲き誇ります。よい香りもあるので、一季咲きですがとても人気が高く、単独である程度広い面積で使うとよいでしょう。
　ただし、生育旺盛なので、狭い場所やほかの品種との組み合わせには向きません。茂りすぎると通気性が悪くなったり日照が届かなくなったりするので、花後に間引き剪定（透かし剪定）をします。このとき、花が咲いた枝を優先的に切ると、新しい枝が出やすくなります。また、夏の日照で葉焼けすることがあるので、気になるようなら適宜切除します。

枝の一部を樹木に誘引して咲かせる。

## アーマンディーの冬剪定

冬から春先にかけて枯れ枝や枯れ葉を取り除きます。この時期に強く切ると花が咲きません。また、数年に一度、全体に枝が散るように誘引し直します。

1 3月中旬の姿。開花前に仕立て直す。

2 上は葉芽。下は花芽。

3 芽が動いていない部分の枯れ葉を取り除く。

4 ほかの枝の陰になり枯れた枝を切除する。

5 全体が均等になるように誘引する。

6 思い切って枝をはずす。

7 そばの樹木に誘引する。

## 開花中の剪定と花後の剪定

開花中に伸びる枝が花に重なるようなら、剪定してもかまいません。強い剪定が必要なときは、花後から梅雨までの間に行います。

1 開花中に花の邪魔になる枝は切除してもよい。

2 花後から梅雨までに作業する。

3 花後に花が咲いた枝や枯れ枝、茂りすぎた枝を間引く。

4 花後に少し強めの間引き剪定を行うと、新しい枝が伸び、株が更新される。

# Pictures of clematis for fences
## フェンスに咲かせたい クレマチス図鑑

フェンスの大きさに合う丈の品種を選ぶとよい。大輪は目立ち、小輪は組み合わせに向く。

**Others**
オシキリ（押切）、ジェニー、ピール、フランシスカ・マリア、ブルー・レイン

---

*C. viticella*
### ヴィチセラ

系統（咲き方）：ヴィチセラ系　野生種（新）　開花特性：返り咲き（強）　開花期：5月下～10月　枝の長さ：2.5～3.5m　花径：4～5cm　花色：紫色（やや赤紫色がかる場合もある）　特徴：枝を伸ばしながら、節々にふわふわ舞うように花を咲かせる多花性種。4弁の小輪花を下むきに咲かせる。野趣に富む花姿で、主張しすぎないので、ほかの花と組み合わせやすい。

---

*C. florida* var. *flore-pleno*
### シロマンエ（白万重）

系統（咲き方）：フロリダ系（新旧）　開花特性：返り咲き（強）　開花期：5月中～10月　枝の長さ：2～3m　花径：7～10cm　花色：咲き進むにつれて淡い黄緑色から白色へ変化する　特徴：繊細な花姿にはなんともいえない上品さが漂う。細めの枝を伸ばしながら節々に花を咲かせ、花もちがよく長い間楽しめる。夏場に生育を休む。寒冷地では戸外越冬がむずかしい。

---

*C.* 'Morning Heaven'
### モーニング・ヘブン

系統（咲き方）：ヴィチセラ系（新）　開花特性：返り咲き（強）　開花期：5月下～10月　枝の長さ：2.5～3.5m　花径：4～6cm　花色：淡い藤色、内側は一段濃く、赤紫がかる筋が入る　特徴：小さめで下むきに咲く花は、遠くからは目立たないが、主張しすぎず、楚々とした雰囲気。控えめに使いたいシーンに。引き立て役としてほかの品種と組み合わせても使いたい。

---

*C.* 'Melody'
### メロディー

系統（咲き方）：ヴィチセラ系（新）　開花特性：返り咲き（強）　開花期：5月下～10月　枝の長さ：2～3m　花径：6～9cm　花色：輝きのあるピンク色で、弁端が一段濃い　特徴：やや下むきから横むき加減に咲く花は、ほどよい大きさで、フェンスなど平面的な場所と相性がよい。多花性で、株の充実によってはフェンス一面を花で埋めることもできる。

*C.'Viola'*

## ヴィオラ

系統（咲き方）：遅咲き大輪系（新旧）　開花特性：返り咲き（強）　開花期：5月中〜10月　枝の長さ：2.5〜3ｍ　花径：9〜12cm　花色：青みがかる濃い紫色　特徴：ほどよい大きさで、先のとがる剣弁花で整った花形。黄色の花芯とのコントラストが美しい。生育旺盛で枝の伸びがよく多花性種なので、株が充実すればフェンスを花で覆うほどになる。

*C.'Venosa Violacea'*

## ヴェノサ・ヴィオラセア

系統（咲き方）：ヴィチセラ系（新）　開花特性：返り咲き（強）　開花期：5月下〜10月　枝の長さ：2.5〜3ｍ　花径：7〜10cm　花色：濃い紫色地の中央に白く刷毛目状にぼかしが入る　特徴：着物のかすり模様を思わせる花は中輪で、バランスがよく、和風でも洋風でも似合う。枝を伸ばしながら、次々と花を咲かせ、初夏の強い日差しの下でも映える。

*C.'Gravetye Beauty'*

## グレイヴタイ・ビューティ

系統（咲き方）：テキセンシス系（新）　開花特性：返り咲き（強）　開花期：5月下〜10月　枝の長さ：2〜3ｍ　花径：3〜5cm（花長3〜4cm）　花色：濃く深い赤色、内側は特に濃い　特徴：チューリップ形の花は咲き進むにつれて徐々に開き、初夏の強い日差しの下でも枝を伸ばしながら、節々に花を咲かせる。4〜5年の株になると下のほうにも花芽をつける。

*C.'Darius'*

## ダリウス

系統（咲き方）：早咲き大輪系（新旧）　開花特性：返り咲き（弱）　開花期：5月上〜10月　枝の長さ：1.5〜2.5ｍ　花径：10〜13cm　花色：淡い桃色地に濃い赤紫色の筋が刷毛目状に入る　特徴：やさしげで繊細な花色が美しい。中輪の花を側枝にもつける多花性種で、見ごたえ十分。株の下のほうにも花芽をつけるので、低いフェンスにも合わせやすい。

*C.'Warszawska Nike'*

## ワルシャフスカ・ニキ

系統（咲き方）：早咲き大輪系（新旧）　開花特性：返り咲き（強）　開花期：5月中〜10月　枝の長さ：2〜2.5ｍ　花径：9〜12cm　花色：ビロード状の赤紫色　特徴：花弁はフリル状に波打ち、深みのある色合いで、黄色い花芯とのコントラストが美しい。ほどよい大きさの中輪花を多数咲かせる。丈夫で育てやすく、初心者にもおすすめ。

*C.'Haruyama'*

## ハルヤマ（晴山）

系統（咲き方）：早咲き大輪系（新旧）　開花特性：返り咲き（強）　開花期：5月上〜10月　枝の長さ：1.5〜2.5ｍ　花径：12〜15cm　花色：白花で咲き始めのみ淡黄緑色の筋が入る　特徴：しっかりとした厚い花弁は花もちがよく、剪定後の二番花も安定して咲く。枝の伸びもほどよいので、フェンスに使いやすい。枝が太めで丈夫で、初心者でも育てやすい。

*Clematis with roses*

# バラと楽しむクレマチス

花の王といわれるバラ。一度は育ててみたい植物であり、みんなの憧れです。
花の女王クレマチスと合わせてみましょう。

## 松尾正晃

世界中で愛されているバラのピエール・ドゥ・ロンサールと女性に人気のテンテル。淡いピンクのつるバラに遅咲き大輪系のクレマチスの組み合わせは、開花期も色合いもピッタリ。

### クレマチスとバラを咲かせたい

　クレマチスとバラはどちらも人気の高い植物です。どうせなら、両方に挑戦してみましょう。
　同時に開花させてより豪華に咲かせたり、開花期を意識的にずらしてより長く楽しんだり、形や色合わせを工夫したり、足りない色を補うなど、お互いのよい部分を合わせてより鮮やかに演出することができます。

　ただし、クレマチスとバラには多くの品種があり、品種ごとに樹形や性質が異なります。それぞれの特性を理解していないと思ったような演出はできません。また、植物は自然のものなので、気候や栽培環境によって、計算どおりには咲かないことがあります。試行錯誤を楽しむ余裕も必要です。

庭全体のバランスを考えて、立体的にクレマチスやバラ、樹木、草花をバランスよく共存させている。

白いつるバラ、ボルティモア・ベルにパステル系のクレマチス、コンテス・ドゥ・ブショウ。

小輪系のバラ、ポールズ・ヒマラヤン・ムスク・ランブラーには中輪以下のクレマチス、チューリップ咲きのサー・トレヴァー・ローレンス、平咲きのマーガレット・コスターが似合う。

## バラの樹形

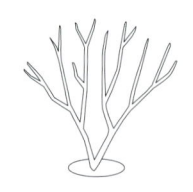

**ブッシュ樹形（木立性）**
枝がしっかりしていて自立。樹形は直立、半直立、横張りなどがあり、サイズもミニバラの30cmから1.5ｍ以上のものまである。
合わせたいクレマチス：インスピレーション、ヴィクター・ヒューゴ、リトル・ボーイ、リュウセイ（流星）

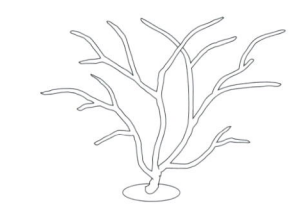

**シュラブ樹形**
枝がしっかり直立に伸びる樹形、枝がしなやかできれいなアーチを描く樹形、小型でブッシュ状の樹形などがあり、大きさは１ｍから３ｍまでさまざま。
合わせたいクレマチス：キャロライン、ヴェノサ・ヴィオラセア、プリンス・チャールズ、ミケリテ

**つる樹形**
枝がよく伸びるので、支柱などを必要とする。樹形や枝の性質はさまざまでサイズもオベリスクに合うものから屋根を覆うようなものまである。
合わせたいクレマチス：アヴァンギャルド、ギャロル、ペルル・ダ・ジュール、ロマンティカ

## バラとクレマチスの咲かせ方

クレマチスを大きなつるバラと合わせるときは、花の咲く位置を分けるようにして誘引。別々に管理できる。

クレマチスとサイズが同じようなシュラブ樹形や小型のつるバラなどは、枝を組み合わせて誘引。クレマチスは新枝咲きを選ぶ。

### バラの特性を知る

クレマチスの性質に、新枝咲き、旧枝咲き、新旧両枝咲きの3種類があるように、バラは枝の伸び方で3種類に分類されます。

○**ブッシュ樹形**
基本的に支柱などを必要とせずに自立する樹形で、木立性ともいわれ、多くが四季咲き性です。
ブッシュ樹形のバラに合わせるクレマチスは、つるがあまり伸びない新枝咲きの品種がよく、バラの枝に直接誘引しながら花の位置を調整すると合わせやすいでしょう。バラの樹高が高い場合は、つるが多少伸びる品種でも問題ありません。

○**シュラブ樹形**
ブッシュ樹形とつる樹形の中間に位置し、半つる性ともいわれます。
品種により樹形はさまざまで、ブッシュ樹形に近い枝のしっかりしたものからつる樹形に近い枝のしなやかなものまであり、剪定で自立させたり、枝を伸ばして仕立てたりすることができます。
シュラブ樹形のバラに合わせるクレマチスは、自立させたときはブッシュ樹形、枝を伸ばしたときはつる樹形と同様でよいでしょう。

○**つる樹形**
つるバラとして長く枝を伸ばし、大きくなるタイプで、壁面やパーゴラ、フェンス、アーチなどで活躍します。
つる樹形のバラに合わせるクレマチスは、つるバラの冬の誘引を考えると、新枝咲きを選ぶのが一般的です。ただし、花を合わせて咲かせたい場合、バラが大きく育つと、クレマチスのつるの長さが足りなくなることがあります。その場合は、鉢栽培で大株に育てたクレマチスを用い、バラの花が咲きそうな位置に鉢をもっていき、つるを誘引して咲かせます。

### バラに合わせたクレマチスの品種選び

クレマチスはつるがしなやかで自由度が高いため、

木製の看板の上部にバラ、ルイーズ・オディエを、足元にはやや濃いめのクレマチス、ヴェノサ・ヴィオラセアで引き締める。

クレマチスとバラは40cm以上離して植える。

バラのまわりに植える場所がないときやからませたくないときは、クレマチスの鉢植えを添える。クレマチスのシシマル（紫子丸）と。

バラとクレマチスの性質が異なる場合は、すみ分けることでそれぞれの特徴が生かせる。つるバラ、ピエール・ドゥ・ロンサールとクレマチスのエトワール・ヴィオレットなど。

誘引次第で花の位置を調整できますが、バラと楽しむには、品種選びが重要です。

### 1、開花期を合わせる

開花期を合わせるには、「遅咲き大輪系」「インテグリフォリア系」「ヴィチセラ系」「ヴィオルナ系」などの品種が適します。最初はきっちり開花が合わなくても、両方の花数がふえてくると開花期が重なるようになります。

### 2、時間差で咲かせる

開花期をずらして花を長期間楽しむ方法もあります。つるバラと「早咲き大輪系」を合わせて誘引すると、早咲きのクレマチスを楽しんだあとでバラの開花を楽しめます。

クレマチスもバラも花後の剪定をしたあとは1ヵ月以上花を見ることができませんし、一季咲き品種の場合は翌年まで花を見ることができません。いつもなにかが咲いている状態を長く続けるようにしてもよいでしょう。

### 3、四季咲きを楽しむ

ブッシュ樹形やシュラブ樹形のバラに合わせるには、木立性が多く他の植物にからみにくいインテグリフォリア系が向き、四季咲き性が強いので何度も花を楽しめます。

### 4、つるバラの株元で咲かせる

古株の「つる樹形」のバラは、株元に花の咲く枝がない場合が多くあります。そこにクレマチスを誘引すればバラに負担をかけずに両方の花が楽しめ、管理もしやすくなります。

### 5、色合わせを楽しむ

花の色・形を楽しむものも組み合わせの醍醐味です。バラに少ない「紫色」、クレマチスに少ない「黄色」を使ったり、花の大きさの違いを楽しんだり、一重咲きが多いクレマチスに対して、バラの八重・一重・半八重との組み合わせを楽しむなど、幾通りもの楽しみ方があります。

また、クレマチスには香りの強い品種が少ないので、バラと育てることで豊かな香りも楽しめます。

それぞれが主張できる色合わせを。紫色のジェニーは存在感があるので、小輪房咲きのバラ、ラヴェンダー・ドリームを合わせる。同系色だとクレマチスが目立たなくなるときがある。

バラもクレマチスも花形が多彩。花色だけにとどまらず、花の形の対比も楽しめる。ロゼット咲きのバラにチューリップ咲きのクレマチス、プリンセス・ダイアナなどの組み合わせ。

## クレマチスとバラを楽しむコツ

　クレマチスとバラをからめる場合、どちらかが他方をおおうと、おおわれたほうの日照が不足して生長が悪くなり、風通しがよくないと病気や害虫が発生しやすくなります。

　生育期はどちらの植物の葉にも十分日が当たるように注意して管理し、開花が近づいてからそれぞれの花を合わせるようにするとよいでしょう。具体的には、もっとも開花する春から初夏に、どちらかが咲いている時期に、どちらかの開花鉢を合わせます。または、どちらかもしくは両方のつぼみのついた枝を改めて誘引し直します。

　フェンスやアーチなどに混植して誘引する場合は、バラとクレマチスの間隔をあけて誘引するようにします。

### Column

#### バラとの組み合わせに向かないクレマチス

　冬咲き系（シルホサ系、アンスンエンシス）やモンタナ系、常緑品種（アーマンディー系）、アトラゲネ系は花の時期や剪定のタイミングなど管理の仕方がバラの生育サイクルと異なるので、バラの近くに植えるのは避けたほうがよいでしょう。

　シルホサ系やアンスンエンシス、アーマンディー系（常緑品種）は四季咲きバラなどの背景に誘引し、バラが落葉している時期に葉や花を楽しむとよいでしょう。

　モンタナ系は大きく育つので、つるバラと植えるとお互いに悪影響を与え、剪定を誤ると春の花に影響します。つるバラとは別な場所に誘引するとよいでしょう。

　アトラゲネ系は暑さが苦手なので、移動しやすい鉢栽培をおすすめします。

# クレマチスに合わせたい、おすすめのバラ

クレマチスと育ててみたい、丈夫ではじめてでも育てやすく、個性豊かで魅力あふれるバラです。

## ●ブッシュ樹形（木立バラ）

四季咲き性が強い品種は背丈が低いので、比較的大きく育つ品種を選ぶとよい。

### アルシデューク・ジョセフ
Archiduc Joseph
咲き方：四季咲き　花径：6～8cm　樹高：1.2m
半横張りの樹形でトゲが少なく、四季咲き性で比較的早めに開花するので開花時期が合わせやすい。ティーの香りがさわやか。

### イングリッシュ・ヘリテージ
English Heritage
咲き方：四季咲き　花径：7～8cm　樹高：1.5m
比較的大きく育つが剪定でコントロールでき、伸ばすとつるにもできる。トゲは少なく扱いやすい。花形の美しさは絶品。フルーティーな香り。

### エモーション・ブルー
Emotion Bleu
咲き方：四季咲き　花径：8～10cm　樹高：1.5m
大きく横に広がるのでクレマチスを誘引しやすい。非常によく咲き病気に強く育てやすい。ピンクや紫のクレマチスとよく合う。香りも魅力。

## ●シュラブ樹形（半つるバラ）

アーチやオベリスク、少し小さめのフェンスや壁面などに使え、比較的大型のクレマチスと合わせられる。

### ジャクリーヌ・デュ・プレ
Jacqueline du Pré
咲き方：返り咲き　花径：8～10cm
枝の長さ：2.0m～
剪定でコンパクトにも、庭に植えて大きく育て壁面やアーチなどにもよい。どんなクレマチスにもよく合う。スパイシーな香り。和風の庭にも合う。

### ブリッジ・オブ・サイ
Bridge of Sighs
咲き方：返り咲き　花径：7～8cm
枝の長さ：2.0m～
早咲きで、早咲きのクレマチスと合わせられる。横張りだが比較的コンパクトで、小さめの壁面やオベリスクなどにも。ハニーとレモンの強い香り。

### コーネリア
Cornelia
咲き方：返り咲き　花径：7～8cm
枝の長さ：3.0m～
樹形は直立性だがトゲは少なく枝もしなやかで扱いやすく、フェンスや大きめのオベリスクなどに。控えめな花は小さめのクレマチスにもよく合う。

## ●クライミングタイプ（つるバラ）

広い面積を飾れる。強めの剪定でクレマチスと一緒に咲かせるか、クレマチスをバラの株元に咲かせる。

### つるアイスバーグ
Iceberg, Climbing
咲き方：繰り返し咲き　花径：8cm
枝の長さ：3.0m～
枝はトゲが少なくしなやかで扱いやすい。淡い黄緑色の葉はどんなクレマチスにもよく合い、やさしい印象の庭に。大きく横に広がる。

### ゼフィリーヌ・ドゥルーアン
Zéphirine Drouhin
咲き方：一季咲き　花径：6～8cm
枝の長さ：3.0m～
枝は半横張り性でトゲがほとんどないので扱いやすい。印象深いローズピンクの花を庭の奥で咲かせたい。香りもよい。

### レーヴ・ドール
Rêve d'Or
咲き方：返り咲き　花径7～8cm
枝の長さ：3.0m～
枝は直立性だが、細くしなやかで扱いやすい。季節や気温でさまざまな表情の花を見せる。可憐で印象的な花が晩秋まで返り咲く。香りもよい。

## *Clematis for gardens and flowers beds*
# 庭、花壇に咲かせるクレマチス

クレマチスの樹形は、つる性だけではありません。
意外と知られていませんが、木立性もあります。庭や花壇でもっと使いましょう。

### 草花と花壇で楽しみたい

　クレマチスには、インテグリフォリア系とヘラクレイフォリア系（クサボタン）などの品種や、ほかの系統ではアディソニー、レクタなど木立性のものがあります。

　これらは庭の中で宿根草として扱うことができ、ほかの草花と同様に、庭や花壇などの植え込みに使いましょう。単独で使うより草花などと混植したほうが映えます。

　インテグリフォリア系は育てやすく、花つきよく、返り咲きしやすいので花壇などにおすすめです。ヘラクレイフォリア系は、葉も楽しめ、大型の宿根草としてグラウンドカバー的にも使えます。少し広めのスペースで使いたいクレマチスです。

　つる性のクレマチスの足元やバラの足元などに植えたり、ボーダーガーデンの宿根草の1つとして楽しんだりしてもよいでしょう。

　花が自立しにくい品種もあるので、開花期は支柱などを添えると倒伏が防げます。

　日当たりがよく水はけのよい場所に植え、ほかの植物の陰にならないように気をつけます。繰り返し咲くので、花後に剪定し肥料をしっかり施します。

この庭オリジナルの白いつるバラ、リマの下に、インテグリフォリア系のインスピレーションをシモツケと。

玄関前の花壇に、早咲き大輪系のレッド・パールなどとナスタチウムやガウラなどで華やかに。

インテグリフォリア系のアラベラをロックガーデン風に配植。

ピンクのチューリップ咲き、テキセンシス系のダッチェス・オブ・アルバニーを藤色のアラベラと合わせて。

## Pictures of clematis for gardens
## 庭、花壇で咲かせたい
# クレマチス図鑑

系統にかかわりなく、木立性の品種を選ぶことが大切。四方に伸びる枝が自然な趣。

**Others**
アディソニー、ハナジマ（花島）、マンジュリカ、レクタ

### *C.'Arabella'*
### アラベラ

系統（咲き方）：インテグリフォリア系（新）　開花特性：返り咲き（強）
開花期：5月中〜10月　枝の長さ：0.7〜1m　花径：6〜9cm　花色：ややピンクがかる藤色　特徴：咲きはじめはやや濃く徐々に淡くなり、グラデーションが楽しめる。グラウンドカバー的に地面に這わせるほか、つる性種のように誘引することもできる万能品種。切り花も楽しめる。

### *C.'Alionushka'*
### アリョーヌシカ

系統（咲き方）：インテグリフォリア系（新）　開花特性：返り咲き（強）
開花期：5月中〜10月　枝の長さ：0.8〜1.2m　花径：4〜6cm（花長4〜6cm）　花色：濃いピンク　特徴：この系統の中でも大きめのベル型の花をもち、ボリューム感がある。支柱なしで地面に枝を自由に這わせてもよく、オベリスクなどに誘引して咲かせることもできる。

### *C. socialis*
### ソシアリス

系統（咲き方）：インテグリフォリア系（新）　野生種　開花特性：返り咲き（強）　開花期：5月中〜10月　枝の長さ：0.3〜0.5m　花径：1.5〜2.5cm（花長2〜3cm）　花色：内側が紫色で、外側が薄い紫色　特徴：先端部をかわいく開いて紫色をのぞかせる壺型の花。山野草のような草姿で、細い葉色も特徴的。地下茎でふえ、株の生育範囲を周囲に広げる。楚々とした雰囲気が人気。

### *C.'Hakure'*
### ハクレイ（白麗）

系統（咲き方）：インテグリフォリア系（新）　開花特性：返り咲き（強）
開花期：5月中〜10月　枝の長さ：0.3〜0.6m　花径：2〜3cm（花長2.5〜4cm）　花色：白色で、内側がほんのりと青みがかる　特徴：花はフリルがかり、先端にむかって反転する動きがあり、ほかの宿根草と合わせやすい色合い。やや香りもある。株が充実すると株立ちの数がふえ、見ごたえがます。切り花にも向く。

72

### *C. 'Sander'*
### サンダー

系統（咲き方）：ヘラクレイフォリア系（新）
開花特性：返り咲き（弱）　開花期：6月中〜8月　枝の長さ：0.8〜1.2m　花径：4〜6cm　花色：白色で、弁先に青色がほんのりとのる　特徴：ややフリルがかってねじれる細弁の花を多数咲かせる。株を中心に半径1mくらいのスペースをとり、グラウンドカバー的に地面を覆うようにすると魅力を発揮できる。

### *C. 'China Purple'*
### チャイナ・パープル

系統（咲き方）：ヘラクレイフォリア系（新）
開花特性：一季咲き　開花期：6月中〜7月　枝の長さ：0.6〜1m　花径：2〜3cm（花長2〜3cm）　花色：光沢のある濃い紫色　特徴：葉の間から伸びる枝先にヒアシンス型の花を咲かせる。葉も楽しめる木立性で、花の少ない時期に重宝する。庭植えに向き、年々株が大きくなると、見ごたえがます。

### *C. 'Pastel Pink'*
### パステル・ピンク

系統（咲き方）：インテグリフォリア系（新）
開花特性：返り咲き（強）　開花期：5月中〜10月　枝の長さ：0.3〜0.6m　花径：2〜3cm（花長2.5〜4cm）　花色：淡いピンク色、弁端が一段淡い　特徴：下むきの花形と淡い花色が相まって、やさしげでやわらかな雰囲気を醸し出す。同タイプの木立性クレマチスやほかの草花と混植してもよい。花壇に使いやすい。

### *C. 'Petit Faucon' ='Evisix'*
### プチ・フォーコン

系統（咲き方）：インテグリフォリア系（新）　開花特性：返り咲き（強）　開花期：5月中〜10月　枝の長さ：0.7〜1m　花径：6〜10cm　花色：光沢のある濃い紫色　特徴：ベル形のように咲き始め、徐々に展開し横むきになる。育てやすく、株の充実にともなう株立ちの本数が増して花数がふえる。宿根草のように扱うとよい。別名：ニュー・ヘンダーソニー

### *C. 'Rosea'*
### ロゼア（インテグリフォリア系）

系統（咲き方）：インテグリフォリア系（新）
開花特性：返り咲き（強）　開花期：5月中〜10月　枝の長さ：0.5〜0.8m　花径：2〜3cm（花長4〜5cm）　花色：光沢のある鮮やかなピンク色　特徴：下むきの花は細かいフリルが入り、先端に向かってねじれ、動きが感じられる。発色よく初夏の日差しの下に映え、混植すると植え込みのポイントになる。

### *C. 'Hendersonii'*
### ヘンダーソニー

系統（咲き方）：インテグリフォリア系（新）
開花特性：返り咲き（強）　開花期：5月中〜10月　枝の長さ：0.3〜0.5m　花径：3〜5cm　花色：青色、弁端がやや淡い色合い　特徴：抜群にさわやかな色合いの花が、次から次へと上がってくる。クレマチスとしてより、宿根草として扱うとよい。ほかの植物と積極的に混植したい品種。

*Enjoying clematis with other flowers*

# クレマチスと草花を楽しむ

クレマチスと草花を上手に組み合わせて、コンテナの寄せ植えから
イングリッシュ・ガーデンまで使いこなしましょう。

### 冨永禎晃

## クレマチスとほかの植物を合わせるメリット

　クレマチスとほかの草花などを組み合わせることで、いままで気がつかなかった魅力を発見するなど、さまざまなメリットがあります。

### 1、クレマチスの花色や形を引き立てる

　クレマチスに合わせる草花に迷ったときは、植物を色のかたまりとして見ると組み合わせやすくなります。

　選んだクレマチスが「紫」だとしたら、たとえばルドベキアなら「黄」、アルメリアなら「ピンク」のように考えます。

　ただし、お気に入りの植物ばかりを選ぶと色が単調になったり、全体がうまくまとまらないことがあります。

　その場合、主役と脇役をはっきりさせ、主役が引き立つように脇役を選びましょう。カラーリーフは重宝する植物で、主役を引き立てたり、強めの色を加えたりするときに便利です。

### 2、クレマチスの端境期を草花で補う

　一季咲きのクレマチスの開花は年1回です。四季咲きの品種は開花後の剪定から次の蕾ができるまで30~40日間、花のない状態になります。花のない時期は、ほかの草花を楽しみます。

### 3、株元を直射日光や暑さから守る

　クレマチスは、株元に直射日光が強く当たり地温が高くなることを嫌うので、草花と組み合わせて株元を陰にすると、クレマチスの生育がよくなり、花をたくさん楽しめます。

暑さの苦手なデルフィニュームやジギタリスは、秋から早春にかけて苗を植え込むとしっかり咲かせられる。クレマチスはニオベ（ナイオビ）とルージュ・カーディナル。

# クレマチスと草花の植栽例

クレマチスのからまるおしゃれなガゼボから、外にむかって低くなるように配植した。

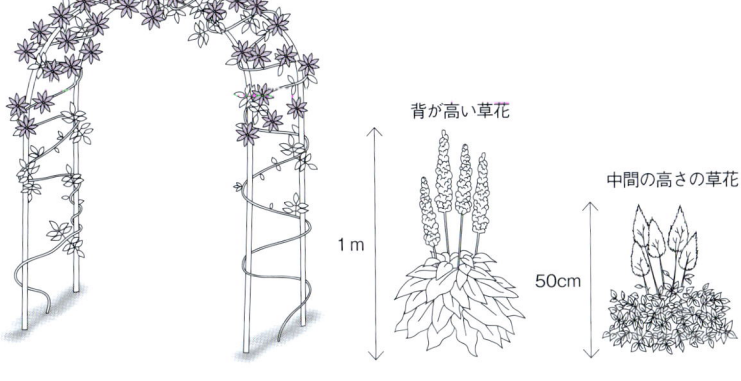

クレマチスはつる性のため強健だが、日光が大好きなので、日当たりを十分に確保する。

### Column
**既存の庭でチャレンジ**

いまの庭にすぐクレマチスを植えたい場合は、樹木や垣根、フェンスなどを利用しましょう。

なるべく日当たりのよい樹木や垣根などをオベリスクに見立ててつるを直接誘引し、あまりきっちり留めずに自由に伸ばして咲かせると、自然な感じに開花します。

クレマチスは和風の庭にもよくマッチします。

クレマチスに近い草花の高さは、クレマチスの開花位置の半分以下に抑える。カンパニュラと。

## 組み合わせ方

まず主役はクレマチス。ほとんどのクレマチスはつる性なので、つるを誘引するための場所・構造物（アーチ、オベリスク、パーゴラ、フェンス、壁面など）が必要です。

花壇や庭の一部の日当たりのよい場所を確保し、オベリスクなどを設置したらクレマチスを決めます。クレマチスは花色、形、大きさを見て好きなものを選ぶとよいでしょう。

次に、周囲に植え込む「草花」を選びます。

誘引するものが高さ2mほどのアーチなら、クレマチスをアーチの半分より上に咲かせるとして、アーチに近い植物の背丈は1mほどにし、離れるにしたがって中間の高さ（50cmほど）その外側に背の低い植物（20～30cm）、一番外側にほふく性の植物を使うようにします。

## ほかの植物と植える場合の注意

**1、剪定後も日当たりを確保**

クレマチスは日当たりが悪くなると花つきや生育が悪くなります。花後の剪定をして背が低くなったつるに日が当たるように管理します。

**2、クレマチスの根を守る**

クレマチスの株元に背の高い宿根草などを植え込むと、それらの植物の根がクレマチスの根を傷めることがあります。メンテナンスのこともありますので株元から40～50cm離して植え込みましょう。

一年草は根が深く張らないので、株元近くに植え込んでもかまいません。

# クレマチスと楽しみたい、おすすめの樹木・草花

混植では、クレマチスの日照が確保できるようにします。植える位置に注意し、お互いの根が干渉しないように注意しましょう。

## ●使ってみたい樹木

**コニファー類（小型の針葉樹）**
ヒノキ・マツ科　樹木
① 品種による　②—
③ 強い　④ 強い

**ツゲ**
ツゲ科　低木
① 1～5m　②—
③ 強い　④ 強い

**メギ**
メギ科　低木
① ～2m
② 4～5月
③ 強い　④ 強い

**ブッドレア**
フジウツギ科　低木
① 1.5～2m
② 7～10月
③ 強い　④ 強い

**ヤマブキ**
バラ科　低木
① 1～1.5m
② 4～5月
③ 強い　④ 強い

## ●背が高い草花（草丈1mほど）

**サルビア・ホルミヌム**
シソ科　一年草
① 30～60cm
② 5～7月
③ 普通　④ やや弱い

**ジギタリス**
ゴマノハグサ科　多年草
① 50～100cm
② 5～6月
③ 強い　④ 弱い

**シモツケソウ**
バラ科　多年草
① 60～100cm
② 5～6月
③ 強い　④ 普通～弱い

**デルフィニウム**
キンポウゲ科
多年草（暖地では一年草）
① 100～200cm
② 5～6月
③ 強い　④ 弱い

**バーバスカム**
ゴマノハグサ科
多年草・二年草
① 10～200cm
② 6～7月
③ 強い　④ 弱い

**コモン・ヤロー**
キク科　多年草
① 5～120cm
② 5～8月
③ 強い　④ 強い～普通

**ユーパトリウム・グリーンフェザー**
キク科　多年草
① 40～70cm
② 8～9月
③ 普通　④ 普通

**ラムズイヤー**
シソ科　多年草
① 30～80cm
② 5～7月
③ 強い　④ 普通～弱い

**ノコギリソウ**
キク科　多年草
① 15～100cm
② 6～7月
③ 強い　④ 普通

**コスモス**
キク科　一年草
① 50～120cm
② 6～11月
③ 弱い　④ 普通

## ●中間の高さの草花（50cm程度）

**アスチルベ**
ユキノシタ科　多年草
① 20～80cm
② 5～7月
③ 強い　④ 普通

**アリウム・ギガンチューム**
ネギ（ユリ）科　多年草
① ～100cm
② 4～6月
③ 強い　④ やや弱い

**キャットミント**
シソ科　多年草
① 90cm
② 4～10月
③ 強い　④ 強い

**プチダリア**
キク科　多年草
① 20～60cm
② 6～11月
③ 弱い　④ 強い

**ヘメロカリス**
ヘメロカリス(ユリ)科　多年草
① 30～100cm
② 6～8月
③ 強い　④ 強い

**ペンステモン**
ゴマノハグサ科　一年草
① 10～100cm
② 6～7月
③ 強い　④ やや弱い

**ユーフォルビア**
トウダイグサ科　多年草
① 20～60cm
② 4～6月
③ 強い～弱い
④ 強い～普通

**ルー**
シソ科　多年草
① 50～90cm
② 6～7月
③ 強い　④ 強い

**ロナス**
キク科　一年草
① 40～60cm
② 6～7月
③ 普通　④ 普通

**ニゲラ**
キンポウゲ科　一年草
① 30～60cm
② 4～6月
③ 強い　④ 弱い

## ●背が低い草花（20～30cm）

**イベリス・ウンベラータ**
アブラナ科　一・二年草
① 20～30cm
② 5～6月
③ 強い　④ やや弱い

**イワミツバ**
セリ科　多年草
① 30～60cm
② 6～8月
③ 強い　④ 普通

**ガイラルディア**
キク科　一年草・多年草
① 70～100cm
② 6～9月
③ 強い　④ 強い

**カンパニュラ**
キキョウ科　多年草
① 10～200cm
② 5～6月
③ 強い　④ 普通～弱い

**ゲラニューム**
フウロソウ科　多年草
① 40～60cm
② 4～6月
③ 強い　④ やや弱い

**コモンタイム（ハーブ）**
シソ科　低木
① 1～30cm
② 5～7月
③ 強い　④ 強い

**シレネ・ユニフローラ**
ナデシコ科　多年草
① 20cm　② 6月
③ 強い　④ 強い～普通

**ニオイスミレ**
スミレ科　多年草
① 10～15cm
② 12～3月
③ 強い　④ やや弱い

**ヒューケラ**
ユキノシタ科　多年草
① 10～80cm
② 5～7月
③ 強い　④ 普通

**ブラキカム**
キク科　一年草・多年草
① 10～30cm
② 3～11月
③ 弱い　④ やや弱い

## ●ほふく性の草花（這って広がるもの）

**アレナリア・モンタナ**
ナデシコ科
多年草（暖地では一年草）
① 8～10cm
② 4～6月
③ 強い　④ 弱い

**セダム**
ベンケイソウ科
多肉（一二年草・多年草）
① 5～20cm　② ―
③ 強い～普通
④ 強い～普通

**ポリゴナム**
タデ科　多年草
① ほふく性　② 4～11月
③ 普通～やや弱い
④ 強い

**リシマキア・ヌンムラリア**
サクラソウ科　多年草
① ほふく性　② 5～7月
③ 強い　④ 強い～普通

**レモンタイム**
シソ科　低木
① 1～30cm
② 5～7月
③ 強い　④ 強い

図鑑の見方：①＝樹高／草丈　②＝開花期　③＝耐寒性　④＝耐暑性

# 金子明人が選ぶ
## 毎年よく咲く個性的なクレマチス

特別な手入れをしなくても毎年よく咲く、多花性で育てやすい品種です。小・中輪系で個性的な花姿を重視し、いろいろなシーンで楽しめる品種をセレクトしています。

### *C.* 'Madame Julia Correvon'
### マダム・ジュリア・コレボン

系統（咲き方）：ヴィチセラ系（新）　開花特性：返り咲き（強）　開花期：5月中〜10月　枝の長さ：2.5〜3m　花径：5〜10cm　花色：深みのある明るいワインレッド　特徴：細弁で4〜6弁の花が次々と咲く多花性の品種。生育が旺盛でグングンよく伸び、早めに剪定することにより、繰り返し3〜4回花を楽しめる。フェンスなどでダイナミックに楽しみたい品種。

### *C.* 'Odoriba'
### オドリバ（踊場）

系統（咲き方）：ヴィオルナ系（新）　開花特性：返り咲き（強）　開花期：5月下〜10月　枝の長さ：3〜4m　花径：3〜5cm　花色：花弁の外側は濃桃色、内側は白色の筋　特徴：フワフワと蝶が舞っているように花咲く姿は、やさしい感じ。多花性で生長しながら次々と花を楽しむことができる。小輪のベル形の花は、どのような花色とのバラとも相性がよい。フェンスなどでダイナミックに楽しみたい品種。

### *C.* 'Semu'
### セム

系統（咲き方）：遅咲き大輪系（新旧）　開花特性：返り咲き（強）　開花期：5月中〜10月　枝の長さ：2〜3m　花径：12〜14cm　花色：青みがかった紫色　特徴：生育が旺盛で伸びながら次々と花を咲かせる横むきの花は、上手に面を埋めてくれ、多花性で時として花で株が覆われることもある。フェンスやアーチなどにからませてもよい。

### *C.* 'Piilu'
### ピール

系統（咲き方）：早咲き大輪系（新旧）　開花特性：返り咲き（強）　開花期：5〜10月　枝の長さ：1.2〜1.8m　花径：6〜10cm　花色：藤桃色地で中央に濃色の筋　特徴：比較的コンパクトにまとまるので、鉢や低いフェンスで楽しみたい品種。開花が進んでくると、全体的に花色も淡色になり、コントラストもユニーク。多花性で、葉が見えないくらいよく花が咲く。株が充実してくると八重咲きになることもある。

### *C.* 'Haizawa'
### ハイザワ（這沢）

系統（咲き方）：ヴィオルナ系（新）　開花特性：返り咲き（強）　開花期：5月下〜10月　枝の長さ：2.5m　花径：2〜3cm　花色：桃色がかった藤色、先端部が乳白色　特徴：コロンとした丸型の花が愛らしい。多花性で、側枝から側枝へと咲き、一節で10〜14輪の花が節々に咲き上がる。夏の暑さに強く、どのようなシーンでも楽しめる。一度は育ててみたい品種。

### *C.* Franziska Maria = 'Evipo008'
### フランシスカ・マリア

系統（咲き方）：早咲き大輪系（新旧）　開花特性：返り咲き（強）　開花期：5月中〜10月　枝の長さ：2〜3.5m　花径：14〜18cm　花色：色鮮やかな青紫色　特徴：咲き始めは花弁がややねじれるものの立体的に花が咲く、ボリュームのある豪華な八重咲きの品種。生育が旺盛で節々に花を咲かせる品種は次々と長く花が楽しめる。鉢植えでも、庭植えでもどちらでも楽しめる。

# 杉本公造が選ぶ
# 日本の風土に合ったキュートなクレマチス

日本の風土に合った、丈夫で育てやすく夏の暑さに負けないクレマチスです。花つき、花もちがよく、キュートで庭のポイントになるクレマチスです。

### C. 'King's Dream'
### キングス・ドリーム
系統（咲き方）：ヴィオルナ系（新）　開花特性：返り咲き（強）　開花期：6月中～10月　枝の長さ：2～4m　花径：2～2.5cm　花色：外側は紫色で弁先が白色、内側は白色　特徴：紫色と白色のバイカラーの花色で壺型。伸びた枝の先端部から花が咲き始め、順々に側枝にも花をつけ、花を長く楽しむことができる。四季咲き性。

### C. 'Koi-no-shizuku'
### コイノシズク（恋のしずく）
系統（咲き方）：ヴィオルナ系（新）　開花特性：返り咲き（強）　開花期：6月上～10月　枝の長さ：1.2～1.8m　花径：約2.8cm　花色：外側は紫赤色、内側は淡黄緑色　特徴：ぷっくりとした丸くキュートな壺型で花つきがよい。がく片の内側と外側のコントラストが美しい。新梢を伸ばしながら節々に花をつけ、多花性で開花期が長く、四季咲き性。鉢植え、切り花にも向く。

### C. 'Utopia'
### ユートピア
系統（咲き方）：フロリダ系（新旧）　開花特性：返り咲き（強）　開花期：5月下～11月　枝の長さ：2～3m　花径：10～16cm　花色：乳白色地でがく片の縁が濃桃紫色になる　特徴：伸びた新梢の節々に花をつける。フロリダ系の中では丈夫で、晩秋まで咲き続ける四季咲き品種。

### C. 'Lady Kyoko'
### レディ・キョウコ
系統（咲き方）：フロリダ系（新旧）　開花特性：返り咲き（強）　開花期：5月下～11月　枝の長さ：2～3m　花径：6～8cm　花色：浅紫色　特徴：外側のがく片と中心部の弁化した、しべがゆっくりと外側に開いていく八重咲き品種。剪定により晩秋まで花を楽しめる。上品な花姿で開花期が長く花もちがよい。

### C. 'Tenshi-no-kubikazari'
### テンシノクビカザリ（天使の首飾り）
系統（咲き方）：ヴィオルナ系（新）　開花特性：返り咲き（強）　開花期：5月下～10月　枝の長さ：0.6～0.8m　花径：2.8～3cm　花色：赤紫色　特徴：側枝から伸びた枝の先端に次から次へと愛らしい花をつける。四季咲き性で、半つる性で草丈がコンパクトな品種。切り花、鉢植えにも向く。

### C. 'Blue Sprite'
### ブルー・スプライト
系統（咲き方）：インテグリフォリア系（新）　開花特性：返り咲き（強）　開花期：5月下～10月　枝の長さ：0.9～1.6m　花径：4～6cm　花色：淡青色　特徴：春に地際から新梢を伸ばしながら先端と側枝の、節から長く伸びた花柄に花をつける。風になびいて揺れる花姿が美しい。花後の剪定により秋まで花が楽しめる。

# クレマチスの育て方

クレマチスの多くの系統は、生育旺盛に育つ丈夫なつる植物です。
クレマチスのことを知って健全に育て、クレマチスの美しい風景を実現しましょう。

## クレマチスの病害虫図鑑

植物が育ちやすい環境を整え適切な管理をすると、病害虫が少なくなります。
薬剤を使用する場合は、必ずクレマチスに適合するものにします。

### おもな害虫とその対処法

**アブラムシ**
症状：新芽や葉裏などに小さな虫が群生し吸汁。
発生時期：4～11月
対処法：見つけ次第、捕殺するか薬剤を散布する。

**ハダニ類**
症状：葉に微小なクモの仲間が群生し吸汁。
発生時期：5～10月
対処法：乾燥状態が続くと発生する。葉裏にシャワー状に水をかけるかハダニ専用薬を散布。鉢植えは特に注意。

**ネマトーダ**
症状：根に害虫が寄生し、コブのようになる。
発生時期：5～10月
対処法：植え替えをせずに数年経過した鉢植えで発生しやすい。鉢を直接土や床の上に置かないようにする。被害が少ない場合は、被害箇所を取り除き、新しい土に植え替える。被害が多い場合は、株、鉢、土を処分する。

**ハマキムシ類**
症状：つづり合わせた葉の中の害虫が葉を食害する。
発生時期：5～10月
対処法：見つけ次第、捕殺するか、殺虫剤を散布する。

**ヨトウムシ**
症状：夜間に葉を食害する。
発生時期：5～6月、9～11月
対処法：見つけ次第、捕殺するか、殺虫剤を散布する。ただし、老齢幼虫には効きにくい。

**ナメクジ**
症状：花や新芽を食害する。
発生時期：4～11月
対処法：夜間に捕殺するか、ナメクジ誘殺剤を使用して駆除する。

### おもな病気とその対処法

**赤渋病（さび病）**
症状：葉に斑点がつく、胞子による伝染病。
発生時期：5～10月
対処法：アカマツが近くにあると発生しやすく、梅雨時期と秋の湿度が高く低温になる時期に多発する。殺菌剤を散布して予防し、感染した葉は取り除く。

**うどんこ病**
症状：葉やつぼみがうどん粉をまぶしたように白くなる。
発生時期：4～11月
対処法：発病した部分を切り取る。多発する場合は予防的に殺菌剤を散布する。ロウグチ（籠口）、ヴィオルナ系などが出やすい。

**立枯病**
症状：突然、枝葉が茶色や褐色になり、枯れてしまう。
発生時期：4～11月
対処法：6～9月の湿度の高い時期に発生しやすい。被害にあった部分は切り取って処分する。誘引をこまめに行い、風通しをよくし、多発する場合は、予防的に殺菌剤を散布する。鉢植えの場合は水やりを控え、過湿状態にしないようにする。決定的な対処法はないが、1節以上深植えしておくと安心。

### そのほかの病害虫

イモムシやケムシ、ハバチ、白絹病、根頭がん腫病などがある。健全な苗を購入し、清潔な用土を使用し、肥料やりや水やりなどの管理を適切に行っていれば、被害が大きくなることは少ない。

# クレマチスとは

クレマチスは、つる植物の女王と呼ばれ、
バラやクリスマスローズとともに人気の高いつる性植物です。

## クレマチスは多様な植物

　クレマチスはクリスマスローズやアネモネなどと同じキンポウゲ科に属する多年生の植物です。北半球の温帯域を中心におよそ300種が分布しています。日本にも、カザグルマをはじめ、ハンショウヅルやセンニンソウなど二十数種が自生しています。
　クレマチスはその多くがつる性ですが、インテグリフォリアなど木立性のタイプもあります。また、大輪の花だけでなく、八重花、ベル型、壺型など、花形も多様です。花色もほぼすべてそろっており、バラにはない青系の花が充実しています。一季咲きだけでなく、剪定により春から秋まで咲く品種や、冬咲きのクレマチスもあり、ほぼ一年を通してなんらかの花が楽しめます。
　植物としては強健です。ただし、根の再生能力があまり強くないため、移植や鉢の混植を嫌います。

### クレマチス基本データ

学名：*Clematis*
別名：カザグルマ（風車）、テッセン（鉄線）
花色：ピンク、赤、青紫、橙、黄、白、緑ほか
日照：日なた
植物分類：キンポウゲ科 常緑・落葉つる性木本
原生地：おもに北半球の温帯と南半球の一部
原種数：約300種
用途：フェンス、壁面、オベリスク、花壇など

### クレマチスの花の構造

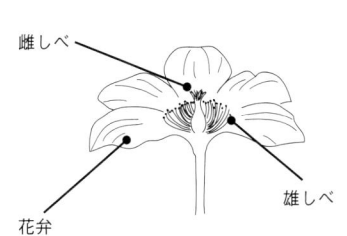

雌しべ
雄しべ
花弁
（萼［がく］が弁化したもの）

### つるの巻き方

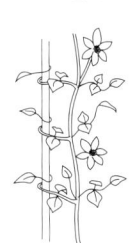

クレマチスは葉柄をからませる

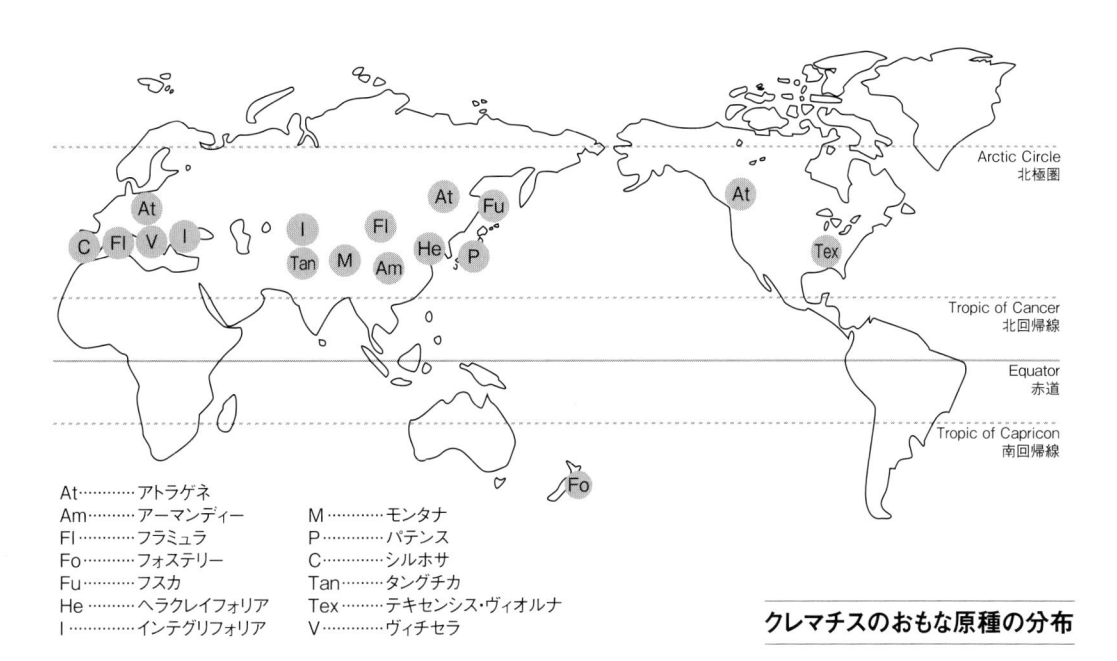

Arctic Circle
北極圏

Tropic of Cancer
北回帰線

Equator
赤道

Tropic of Capricorn
南回帰線

At………アトラゲネ
Am………アーマンディー
Fl………フラミュラ
Fo………フォステリー
Fu………フスカ
He………ヘラクレイフォリア
I………インテグリフォリア
M………モンタナ
P………パテンス
C………シルホサ
Tan………タングチカ
Tex………テキセンシス・ヴィオルナ
V………ヴィチセラ

**クレマチスのおもな原種の分布**

# クレマチスのおもな系統と咲き方

クレマチスは系統で説明されることが多いので、知っておくと便利です。
多くは強健で丈夫ですが、高山系の品種は寒冷地や高地向きです。

### 品種選びは慎重に

　クレマチスの分類にはいくつかの説があります。
　庭やベランダで景色としてクレマチスを楽しむ場合は、花のよしあしだけでなく、葉の質感や花つき、管理方法、枝の長さ、強健度なども考慮しましょう。

### 返り咲きについて

　庭の中でほかの植物と混植して育てると、十分な日照や肥料をクレマチスが得られません。そのため、とくに株が充実していないと、春の一番花はともかく、二番花、三番花のコントロールがむずかしいことが多くなります。
　また、庭の中では数輪が咲く程度では、景色としては効果が薄いので、二番花以降は庭からの贈り物程度に考えたほうがよいでしょう。

◆旧枝咲き
おもに一季咲きで、前年の枝の節々に花を咲かせるか、前年の枝から数節枝を伸ばし、花を咲かせる。

**アーマンディー系**
アーマンディーなどの原種と改良種。常緑性で光沢のある葉をもち、芳香種が多い。また、多花性種で、1節に何輪もの花を咲かせる。

**アトラゲネ系**
アルピナ、マクロペタラなどの原種と改良種。可憐な下むきの花をもち、花後のタネ（果球）も魅力。山野草としても人気がある。

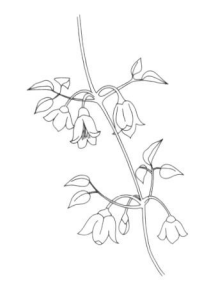

**シルホサ系（冬咲き）**
シルホサなどの原種と改良種。花は下をむき、オフホワイトを中心に、花弁に斑の入る品種もあり、愛らしい。花後のタネ（果球）も魅力。

**フォステリー系（早春咲き）**
ニュージーランド自生の原種と改良種。花は白や緑。パセリ状の常緑の葉が愛らしい。鉢栽培に向く。

**早咲き大輪系**
パテンスなどを中心にした改良種。4月中旬より開花する。一重咲きのほか八重咲きもある。

**モンタナ系**
モンタナなどの原種と改良種。芳香性品種もあり、春に多数群開する。生育旺盛で育てやすい。近年は八重咲き種もある。夏の暑さと蒸れに弱い。

◆新枝咲き
新しい枝の先や節々に花をつける性質があり、剪定するごとに返り咲く。ただし、どの程度返り咲くかは品種や環境、育て方により異なる。

**インテグリフォリア系（木立性＋半つる性）**
インテグリフォリアなどの原種と改良種。木立性と半つる性で枝がからみにくい。木立性は宿根草のように扱える。

**テキセンシス系**
テキセンシスなどの原種と改良種。花はおもにチューリップ型で、多花性種が多い。夏に強く、よく育ちよく咲く。

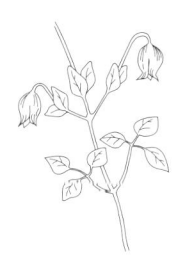

**ヴィオルナ系**
ヴィオルナ、テキセンシス、クリスパ、フスカなどの原種と改良種。ベル型の愛らしい花をもつ品種が多い。

**ヴィチセラ系**
ヴィチセラの原種と改良種。小輪から中輪で多花性種が多い。花形が多様で、横むきや下むきなどがある。

**フラミュラ系（センニンソウの系統）**
フラミュラ、センニンソウなどの原種と改良種。芳香性のある十文字の小花を、夏に株をおおうほどに群開させる。

**ヴィタルバ系（ボタンヅルの系統）**
ビタルバ、ボタンヅルなどのおもに原種。夏に、株を覆うほどに小輪の花を咲かせる。

**ヘラクレイフォリア系（クサボタンの系統）**
ヘラクレイフォリア、クサボタンなどの原種と改良種。木立性。やや芳香があり、ヒアシンスに似た、クレマチスらしからぬ花を咲かせる。大型の宿根草として使える。

◆新旧両枝咲き
旧枝咲きと新枝咲きの性質を併せもち、どこで切っても、切ったところから枝を伸ばして開花する。

**遅咲き大輪系**
ジャックマニーなどを中心にした改良種。5月上旬より開花。多花性の品種が多い。

**フロリダ（テッセン）系**
テッセンなどの原種と改良種。四季咲き性が強く、個性的な花が魅力。

**タングチカ系**
タングチカ、オリエンタリスなどの原種と改良種。黄色の花が特徴。芳香性種も多い。夏の暑さに弱いので風通しをよくする。

# クレマチスの苗の選び方

「苗半作」といわれます。よい苗ほどよい結果が得られやすいといった意味です。信頼のおける生産者や園芸店で苗を購入しましょう。

## なるべく大株を選ぶ

クレマチスの購入は、クレマチスの専門店かクレマチスに詳しい園芸店がおすすめです。クレマチスに詳しいスタッフが品種の特徴を説明でき、苗の管理もしっかりしています。珍しい品種や面白い品種が購入できるかもしれません。ほぼ一年中苗を購入できます。

園芸店やホームセンターに苗がよく出回るのは、2～6月、9～11月です。

苗を入手する際は、多少高価でも二年生以上の苗にします。とくに庭園素材として咲かせるには、年数を経て大きく育った株が有利です。条件が悪い場所ほど大きな苗にします。小さい株は環境に負けて枯れやすくなります。

一年生苗は、そのままでは苗が幼すぎて庭植えできません。鉢栽培で1年以上管理します。ただし、初心者がきちんとした管理をするのはむずかしいので、経験者向けの苗です。

## 苗の選び方

苗は、枝が太く、節間がつまっていて、病害虫のないものにします。生育期であれば、葉色のよいもの。ただし、株元の葉は色が落ちやすいので、このとおりとは限りません。落葉期で休眠中の株の場合は、節に丸い芽がついているか、地際の芽を確認してから購入します。

鉢底から根が多少見えているとよいでしょう。

## 環境や目的に合った品種を選ぶ

庭やベランダでクレマチスを楽しむには、花そのものよりも、花つきや枝の長さ、葉の繊細さ、自分がどれだけクレマチスと向き合う時間をもてるか、といったことが大切です。

クレマチスの移植は大変なので、場所に合った品種を慎重に選びます。小さなスペースにアーマンディーなど生育旺盛なものを植えてしまうと、収拾がつかなくなります。一年のうちの多くは花がないので、葉の質感も品種選びのポイントです。

品種の特性がよくわからない場合は、植えつけたい場所で鉢栽培してみるのも1つの方法です。

### Column
寒冷地の注意①

・大株になるまでに少し時間がかかる
　寒冷地では、関東地方以西に比べて、株の生長に時間がかかるようです。あせらずじっくり育てましょう。植えつけから数年が経過し、株が充実すると、枝の伸びに勢いがつき、花数が多くなります。

・屋外越冬できない種類がある
　アーマンディー系、フォステリー系、アンスンエンシス類などの常緑性の品種は、寒冷地では屋外越冬できません。また、冬咲きのシルホサ系、テッセンや白万重などフロリダ系の原種にも屋外越冬できない地域があります。

## 苗の種類

一年生苗：7.5cmや9cmのポット苗。一回り大きい鉢に植え替え1年以上養生し、その後に庭や大鉢に植えつける。すぐには花を見られないことが多い。初心者にはむずかしい。

二年生以上の苗：13.5cm（4.5号）鉢が多い。すぐに庭植え、鉢植え可能で、開花見込み株。

開花株：行灯（あんどん）仕立てのものが多い。1回目の花は購入した鉢のまま観賞し、花後、剪定をしてから植えつける。株自体は基本的には二年生以上の苗と同じと考えてよい。

# クレマチスの植えつけ

植えつけ、植え替えはとても大切な作業です。
クレマチスを咲かせるための第一歩なので、丁寧に行いましょう。

## 庭植えのポイント

　クレマチスは移植が大変なので、まず植えつけ場所を慎重に選びます。クレマチスが健全に育つ環境で、品種の特性に合った場所にします。日当たりは重要ですが、株元に直射日光が当たらないようにします。

## 鉢植えのポイント

　植えつけ、植え替えは、9〜11月、2〜6月が適期です。よい培養土を使用し、元の鉢やポットより一〜二回り大きな底の深いタイプの鉢に、深植えにします。
　クレマチスは根詰まりを起こすと生育障害が出て花が咲きにくくなるので、すくなくとも2年に1回は植え替えます。鉢底から根がはみだしていたら植え替えのサインです。植え替える際に根がびっしりと張っていたら、多少根が切れてもよいので、根鉢を叩いたりほぐしたりして、できるだけ古い土を落とします。
　鉢が10号以上になり、同じ大きさの鉢で更新する場合は、春先の剪定のあとに行います。38ページを参照してください。

### Column
寒冷地の注意②

・花後の剪定は控えめにする
　寒冷地での春先の剪定は、雪解けのころ、芽の動きが確認できるようになってから行います。花後の剪定は控えめにし、剪定後の枝にしっかり日が当たるようにします。日陰気味にすると二番花が咲きにくくなります。

### 庭への植えつけ

深植えすると地中からも芽が出る。

　1〜2節深植えにすると、地中から芽が出るので株立ちが多くなり、丈夫に育つ。大株は5cm程度の深植えでも大丈夫。
　植えつけ時に深く掘るのが大変な場合は、盛り土やレイズドベッド（立ち上げ花壇）にするとよい。

### 鉢への植えつけ

元肥は鉢の縁に置くか軽く埋める。

1〜2節深植えにする。

根がぱんぱんになり、同じ大きさの鉢に植え替える場合は、悪くなった根を取り除き、根鉢の下1/5ほどを切除する。

ウォータースペースをとる。

培養土はクレマチス専用の土が便利。草花用のものでもかまわない。

鉢底石

鉢は深鉢が向く。

鉢底網

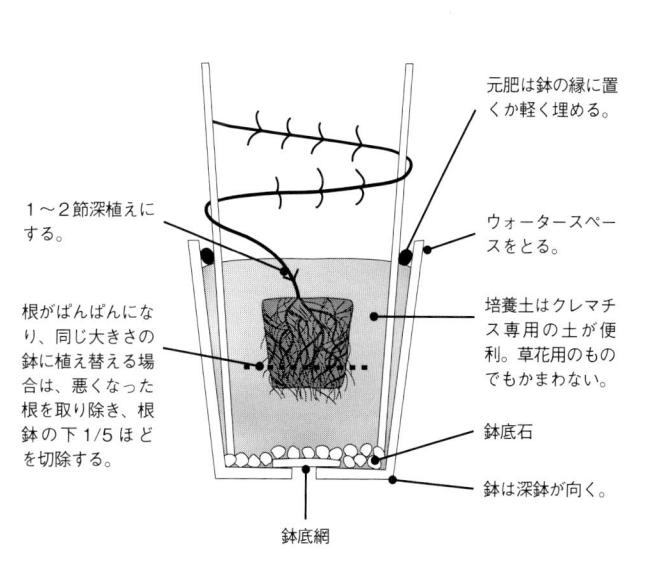

　植え替えは、最低でも2年に1度、一〜二回り大きな深鉢に。

# クレマチスの日常の管理

育て方の基本を誤ると、どんな植物もうまく育ちません。
クレマチスはなにもしなくても開花しますが、ちょっとしたコツでより豊かに花が咲きます。

## 日照が大切

　クレマチスは、半日以上日が当たり風通しのよい場所で育てます。少なくとも1日4～5時間の日照が必要です。つる植物なので半日陰にある程度耐えますが、日照が不足すると生育が遅くなり、花つきが減ります。風通しが悪いと病害虫が発生しやすくなります。

　露地では水はけのよい場所に植えます。水がたまりやすかったり極端に乾燥したりする場所は、土壌の改良が必要です。

　鉢植えは、夏場に鉢内の温度が極端に上がらないように気をつけます。ベランダなどコンクリートに囲まれた場所では、直接コンクリートの上には置かず、すのこを敷くなど暑さ対策をしておきます。

## 水やりは夏と冬に気をつける

　庭植えの水やりは、植えつけ直後以外は、開花中か夏場に極端な乾燥が続いたとき以外、必要ありません。必要以上に与えると、植物が甘えます。

　鉢栽培の水やりは、ほかの植物と同じく鉢土の表面が白っぽく乾いたら、鉢底から水が出るまでたっぷり与えます。水やりは朝が基本です。春先から夏の生育期は水を欲しがるので、水切れに気をつけます。春と秋は朝1回、夏は朝夕2回、冬は1～2週間に1回を目安に与えます。

　水やりの失敗は、生育期にやりすぎて過湿状態にするか、冬に水やりせずに枯らす人が多いようです。地上部が冬に枯れても根は生きています。

## 肥料は切らさないように

　クレマチスは肥料を好む植物なので、肥料切れしないように気をつけます。ただし、多く与えすぎると、花が咲かない、花形が崩れる、根を傷めるといった肥料障害を起こすことがあります。株元から少し離して軽く埋めるか置き肥します。肥料は種類やメーカーにより適量が異なるので、説明書をよく読んでから与えます。

・寒肥が大切
　庭植えも鉢植えも12～2月に与えます。

・芽出し肥
　芽が動きはじめる3～4月に与えます。

・追肥は花後に
　庭植えも鉢植えも花後の剪定のあとに与えます。鉢植えは、2ヵ月に1回程度追肥します。

## 病害虫対策

　クレマチスは病害虫の心配があまりない植物です。防除の基本は、病害虫の温床となる枯れ葉や枯れ枝は気づいたら廃棄し、剪定・誘引では適度に間引いて日当たり、風通しを常によくしておくことです。

　病害虫が発生したら切除するか、適合する薬剤を散布します。早期発見、早期対処が基本です。

---

・水やり

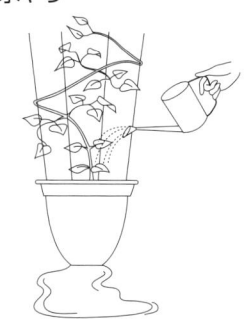

鉢底から水が出るまでたっぷり与える。機械的に与えるのではなく、植物のようすを見ながら与える。

## Column
### 寒冷地の注意③

・株元の腐葉土で寒さ対策
　寒さに強い品種は、特別な冬越し対策は必要ありません。ただし、心配であれば、冬を迎える前に、株元に腐葉土を敷きつめておきます。

・鉢植えの施肥

肥料

鉢の縁に置き肥するか軽く埋め込む。毎回置き場所をローテーションする。

# かんたんなクレマチスの剪定と誘引

剪定が複雑で誘引が大変そうなクレマチス。
でも、ちょっとしたコツさえわかれば、意外にかんたんです。

## クレマチスの剪定と誘引

### ・クレマチスの作業プロセス

　クレマチスは剪定や誘引をしなくても花が咲きます。しかし、剪定・誘引をすることで、より効果的に花を咲かせ、美しい風景をつくりだし、病害虫の発生を防ぐことができます。
　クレマチスの剪定誘引は、①春先の剪定→②春先の誘引→③生育期の誘引→④花後の剪定→⑤剪定後の誘引、のプロセスになります。
　返り咲きの品種は一番花のあと、④、⑤を繰り返します。
　なお、生育期間中、枯れ葉や枯れ枝、はみだしすぎた枝などは、適宜剪定します。

### ・芽の位置がわかれば十分

　クレマチスがむずかしいと思われる原因の1つは、系統と咲き方が多岐にわたっているためだと思われます。しかし実際に庭で楽しむには、①前年に伸びて充実した枝の節々に直接花を咲かせるか、充実した枝の花芽が3～5節伸びて花を咲かせるかの旧枝咲きのタイプと、②春に株元付近や地中から伸びた枝の先端部分や節々に花を咲かせる新枝咲きのタイプの、2タイプがわかれば十分です。
　春先に芽の位置を確かめ、枝が長く残るようなら旧枝咲き、地際程度までなら新枝咲きです。

## 旧枝咲きのサイクル（早咲き大輪系）

・芽の位置の確認

芽の位置

よい芽の位置で剪定すると枝が残るものは旧枝咲き。枝をほぐして誘引する。

・春先の剪定後の誘引

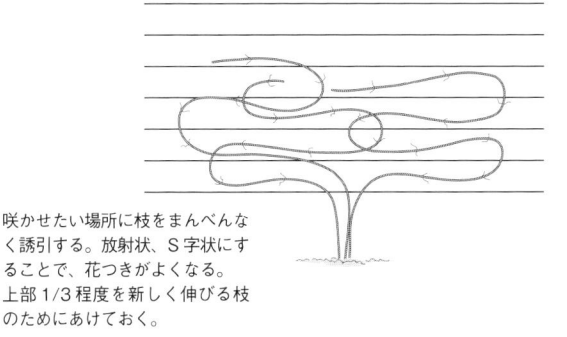

咲かせたい場所に枝をまんべんなく誘引する。放射状、S字状にすることで、花つきがよくなる。上部1/3程度を新しく伸びる枝のためにあけておく。

・剪定と開花のプロセス

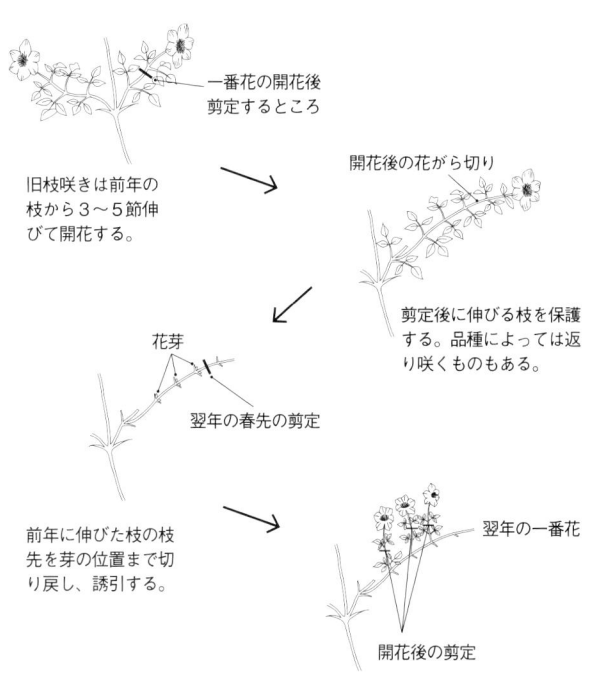

一番花の開花後剪定するところ

旧枝咲きは前年の枝から3～5節伸びて開花する。

開花後の花がら切り

剪定後に伸びる枝を保護する。品種によっては返り咲くものもある。

花芽

翌年の春先の剪定

前年に伸びた枝の枝先を芽の位置まで切り戻し、誘引する。

翌年の一番花

開花後の剪定

### Column
・新旧両枝咲きはどうなるの？

　新旧両枝咲きのタイプは春先の剪定をすると、比較的枝が残る旧枝咲き（早咲き大輪系）に近いタイプと、枝があまり残らない新枝咲きに近いタイプとに分かれます。とはいえむずかしいことはなく、その後は残った枝を誘引し、伸びる枝を適宜誘引します。

### Column
寒冷地の注意④

・寒肥は雪が降る前に

　庭植えの株への寒肥は、雪が降る前に施しましょう。また、春先まで雪が残る地域では、鉢植えは株元を腐葉土などでおおったうえで、思い切って雪の中に埋めてもよいでしょう。雪の中のほうが温度と水分が保たれます。

## 新枝咲きのサイクル

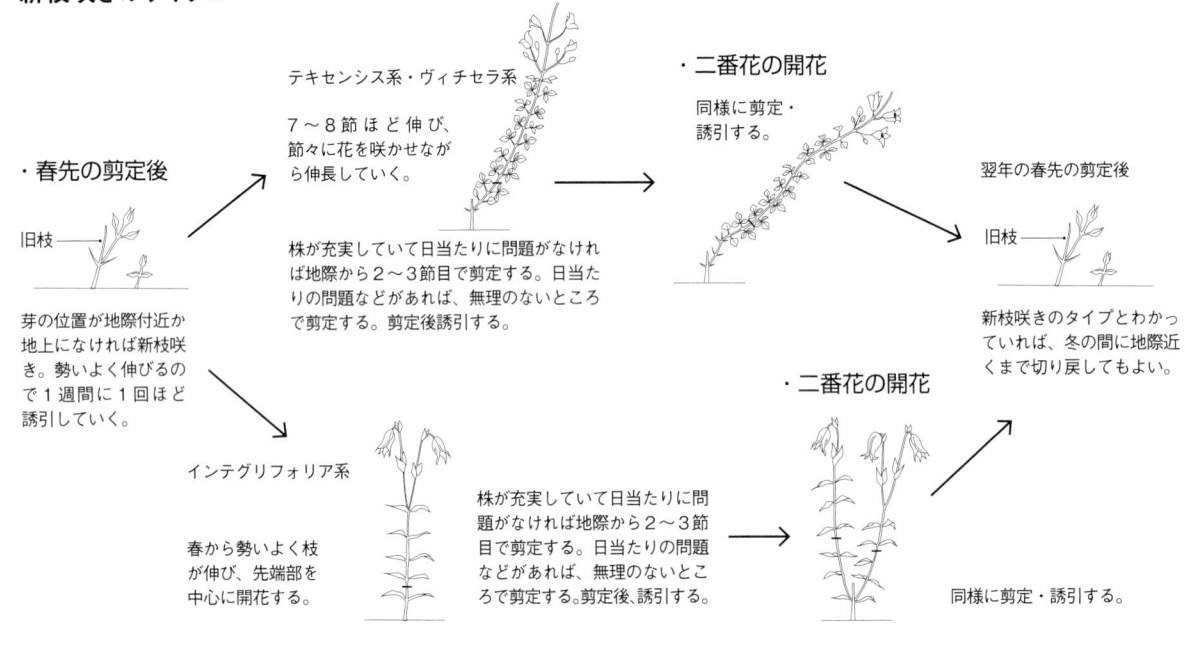

・春先の剪定後
旧枝
芽の位置が地際付近か地上になければ新枝咲き。勢いよく伸びるので1週間に1回ほど誘引していく。

テキセンシス系・ヴィチセラ系
7～8節ほど伸び、節々に花を咲かせながら伸長していく。
株が充実していて日当たりに問題がなければ地際から2～3節目で剪定する。日当たりの問題などがあれば、無理のないところで剪定する。剪定後誘引する。

・二番花の開花
同様に剪定・誘引する。

翌年の春先の剪定後
旧枝
新枝咲きのタイプとわかっていれば、冬の間に地際近くまで切り戻してもよい。

インテグリフォリア系
春から勢いよく枝が伸び、先端部を中心に開花する。

株が充実していて日当たりに問題がなければ地際から2～3節目で剪定する。日当たりの問題などがあれば、無理のないところで剪定する。剪定後、誘引する。

・二番花の開花
同様に剪定・誘引する。

## 1、春先の剪定:2月中旬～3月上旬（節々の芽が確認できるころ）

### ・剪定は簡単

まず、枝が残っている場合は、観察と剪定をしやすいように枝を取りはずします。このとき、葉柄は切ってもかまいません。また、枝が切れなければ多少の折れは気にしません。

枝の先端から下に向かって節々の芽を確認し、丸くふくらんでいる芽よりも上の枯れている部分を剪定します。芽がついていない枯れた枝は株元から除去します。枯れ枝を残すと病害虫の温床になります。

剪定後、地上部の枝がある程度残っていれば、旧枝咲きかそれに類するタイプと考えられます。逆に地際に、数節のみ残るものや、地上部がまったく残らないものは新枝咲きかそれに類するタイプと考えられます。

### 枝の切り方

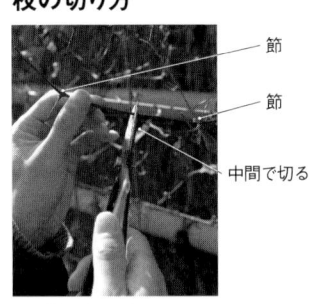

節
節
中間で切る

節と節の中間で切る。

## 2、春先の誘引:2月中旬～3月上旬（剪定後）

### ・旧枝咲きタイプは計算して誘引

枝がある程度残るものは旧枝咲きタイプと考えられます。フェンスなど平面的なものの場合は、放射状、もしくはS字状に誘引します。オベリスクなど立体的なものの場合は、らせんを描くように誘引します。

このタイプはこの時期に誘引すると、その後の伸びに合わせた誘引は比較的楽になります。地際から長く伸びて咲く新枝咲きタイプに比べると、春先の時点で演出の計算がしやすいでしょう。

### ・新枝咲きタイプは伸ばしながら演出

地上部に芽がないか、あっても地際部分のものは、新枝咲きタイプと考えられます。地上部がほとんどなくなるので、つるバラなどほかの植物とコラボさせたり、美観上、冬の庭になにもないほうがよい場合はこのタイプが便利です。残った枝を軽く留めておく程度の誘引を行います。

### 誘引の注意
NG

枝を格子などにくぐらせないようにする。

### 3、生育期の誘引：春先の剪定から一番花の開花まで

#### ・旧枝咲きタイプはあまり手がかからない

剪定後に比較的枝が残った旧枝咲きのタイプは、誘引した枝から3～5節枝を伸ばして開花するので、伸びに合わせて、蕾が希望の位置にくるように調整します。また、枝同士がからみあってかたまりをつくらないように誘引します。

#### ・新枝咲きタイプは誘引しながら風景をつくる

新枝咲きのタイプは、地際付近から力強く何本も新枝が伸びてきます。放任すると枝が1ヵ所にかたまったり、咲かせたい方向と異なるところに行くので、少なくとも1週間に1回は誘引します。

伸びはじめの枝は折れやすいので、3～5節ほど伸びた枝を留め直していきます。かたまりをつくらないように枝の間隔を離し、咲かせたい方向に誘引します。フェンスなど平面的なものは放射状に全体に枝が散らばるように、オベリスクなど立体的なものはらせんを描くように誘引します。枝が伸びすぎる場合は、S字を描くようにして開花位置を調整します。

思った以上に枝が伸びてしまったり、放任するなどしてからみ具合がひどくなった場合は、思い切って一端、枝をはずします。その際は、からんでいる葉柄をハサミで切ってもかまいません。また、枝が切れなければ多少の折れは気にせず思い切ってやります。外皮の折れであれば、その後の生育には影響はありません。

なお、すでに枝が茂りすぎて細かく誘引ができない場合は、麻ひもを使って全体をまとめてとめてもよいでしょう。

### 4、花後の剪定：花後なるべく早く

基本的にどのタイプも花が咲いている部分を取り除くように剪定します。枝の先端に花が咲いているもの（旧枝咲きタイプ）は、花首下で剪定します。また、枝の節々に花が咲いているもの（新枝咲きタイプ）は、咲いていたまとまりの下の比較的低い位置で切り戻します。

ただし、庭の中では、まわりの植物に埋もれない程度の長さに枝を残します。日陰気味になるとせっかくの新芽が健全に伸びず、二番花が咲きにくくなります。品種の特性や条件がよければ年に2～3回の開花が可能ですが、二番花以降は花数が減り、色も薄くなる傾向があります。また、二番花、三番花を咲かせたい返り咲きの品種は、地際からの枝が多すぎると花つきが悪くなるので、多少枝を間引きます。

### 5、剪定後の誘引：花後から次の開花、もしくは休眠期まで（5～10月ごろ）

剪定後、新しく枝を伸ばすので、適宜誘引します。基本は枝同士がからみ一ヵ所にかたまらないよう、全体に散らすように誘引します。蕾が見えるまでにある程度枝が伸びるようであれば、S字を描くように全体に均等に枝を配すると咲いたときにきれいに見えます。

ただし、一季咲きの旧枝咲きタイプは休眠期まで枝が伸びるだけなので、翌年の開花のためにその枝を大事に誘引します。誘引をしてしっかり光を当てると枝が充実し、翌年たくさんの花を咲かせてくれます。

#### ・冬の強剪定

新枝咲きや新旧両枝咲きの品種とわかっている場合は、庭の美観上、冬の枯れ上がりが見苦しいと思うときには、春先の剪定の前でも、地際近くの芽の上で剪定して枯れ枝は処分してもいいでしょう。

---

## つるの誘引

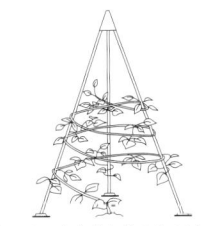

オベリスクなど立体のものは、らせん状に誘引する。

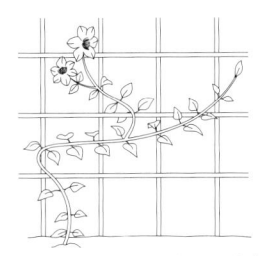

平面では斜め上かS字状に誘引する。

## 花がら切り

開花部分
剪定

花が咲いている部分を元から切る。

### Column
**タネ（果球）を楽しむ**

花後の剪定をしないと、多くの品種でタネが楽しめます。花がらを一部だけ残してタネにするのもアリです。ただし、若い株の場合は負担がかかるので、タネをつけないほうがよいでしょう。

### Column
**枝の間引き時に「残す」枝数の目安**
5～7号鉢　2～4本
8～10号鉢　5～7本
庭植えは半分程度に
※三番花以降は現状維持（間引かない）

# クレマチスの系統別の咲かせ方

クレマチスは奥の深い植物です。
系統別の特徴、剪定、誘引などのポイントを覚えましょう。

## 旧枝咲き（早咲き大輪系）の咲かせ方
・弱剪定で管理する

　旧枝咲きの早咲き大輪系は、前年に伸びて充実した枝の花芽が3〜5節伸び、その先端に花を咲かせます。大輪の花が咲く姿は見ごたえがあり、クレマチスならではの繊細な色味がたくさんあるのがこのタイプの特徴です。

　春先（2月中旬〜3月上旬）の剪定は、枝の先端から株元に向かって節々の丸くふくらんだ芽を確認し、それより上の芽のない枯れた部分を切ります。剪定後の誘引はオベリスクなどの立体的なものであればらせんを描くように、またフェンスなどの平面的なものであれば放射状またはS字を描くように行います。

　春先の剪定と誘引を行っていれば、その後の伸びに合わせた誘引は比較的楽で、開花までに蕾を希望の位置に調整するように行います。枝がどれくらい伸びて咲くかなどがわかってくると、計算どおりに花を咲かせられるようになります。

　開花後、花がらを切るように花首下で剪定します。株の充実具合によっては二番花が咲くことがありますが、庭からのプレゼント程度に考え、基本的には翌年の開花のために新しい枝の伸びを促し、充実させます。

## 新枝咲き（ヴィチセラ系、テキセンシス系、ヴィオルナ系、インテグリフォリア系、ヘラクレイフォリア系など）の咲かせ方
・強剪定で管理する

　新枝咲きは、多花性で夏の暑さに強く、剪定によりよく返り咲き、個性的な花形が魅力です。

　花の咲き方は、①前年に伸びた枝は冬に株元近くまで枯れ、春に株元付近や地中から7〜8節ほど伸び、その後節々に花を咲かせながら伸長する系統（ヴィチセラ系、テキセンシス系、ヴィオルナ系）と、②前年に伸びた枝は冬に枯れ、春に地中から新芽が伸び、先端を中心に花を咲かせる系統（インテグリフォリア系）の2タイプがあります。

　春先（2月中旬〜3月上旬）の剪定は簡単です。株元付近の芽が出ているところまで切り戻すか、地上部が完全に枯れている場合は地際で切り戻します。新芽が伸びてきたら咲かせたい位置にむかって1週間に1回程度誘引していきます。オベリスクなどの立体的なものであれば螺旋を描くように、またフェンスなどの平面的なものであれば放射状またはS字を描くように行います。開花までに伸びる枝の長さが長いので（ヴィチセラ系、テキセンシス系、ヴィオルナ系）、こまめに誘引すればするほど理想的なかたちで咲かせることができます。

　花後に花の咲いていたまとまりの下で切り戻すと返り咲きます。このとき、株元からたくさんの枝が出て茂りすぎているようであれば、半分くらいの本数を目安に枝を間引きます。また、短く切りすぎて枝がまわりの植物に埋もれ、光が当たらなくならないように注意しましょう。日陰気味になるとせっかくの新芽が健全に伸びず、二番花が咲きにくくなります。品種の特性や条件がよければ年に2〜3回の開花が可能ですが、二番花以降は花数が減り、色も薄くなる傾向があります。

## 新旧両枝咲き（早咲き大輪系の一部、遅咲き大輪系、フロリダ系、タングチカ系）の咲かせ方
・品種によりタイプが分かれる

　新旧両枝咲きは、中〜大輪の品種が多く、咲き方は旧枝咲き（早咲き大輪系）に近いタイプと、新枝咲きに近いタイプがあります。とはいえ、育て方はむずかしくなく、同一の管理で花を咲かせることができます。

　春先（2月中旬〜3月上旬）の剪定は、枝の先端から株元にむかって節々の丸くふくらんだ芽を確認し、それより上の芽のない枯れた部分を切ります。結果として、旧枝咲き（早咲き大輪系）に近いタイプは比較的枝が残り、新枝咲きに近いタイプは枝があまり残りません。剪定後の誘引はオベリスクなどの立体的なものであればらせんを描くように、またフェンスなどの平面的なものであれば放射状またはS字を描くように行います。

　開花後には、花の咲いていた部分を取り除くように剪定します。先端に花をつけていた場合は、花首下での軽めの剪定になるでしょうし、節々に花をたくさん咲かせていた場合は、その花のまとまりの下で強めに剪定することになるでしょう。基本的にはどちらも返り咲きの性質があり、花後の剪定で二番花を咲かせることができます。

### 新旧両枝咲きの返り咲き

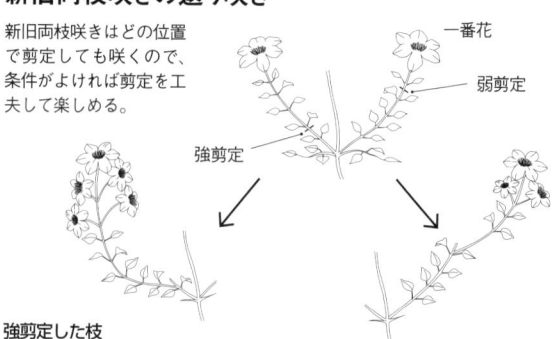

新旧両枝咲きはどの位置で剪定しても咲くので、条件がよければ剪定を工夫して楽しめる。

一番花
弱剪定
強剪定

**強剪定した枝**
開花まで1.5〜2ヵ月。枝が長く伸び一番花に負けない花が咲く可能性がある。

**弱剪定した枝**
開花まで約1ヵ月。枝は短めで小輪の花を数個咲かせる。

## アーマンディー系の咲かせ方
・生育旺盛なので単独で育てる

　常緑性のアーマンディー系は前年に伸びて充実した枝の節々に花を咲かせます。夏場、強い日照で葉焼けを起こすことがありますが、基本的には丈夫で育てやすく多花性です。株が充実すると香りのよい花で株全体が覆われます。耐寒性はやや弱く、南東北以西の平地では屋外越冬が可能です。生育旺盛のため、他品種との混植には向かず、フェンスなどに単独で育てます。

　剪定は枯れ枝や枯れ葉を取り除くように適宜行います。特に春先の開花前にきちんと行うと、開花時にきれいに見えます。また、開花中に新しい枝がどんどん伸びてきますが、花を隠し見苦しいようであれば剪定します。誘引は枝同士がからまってかたまりができないように、全体に散らすように適宜行います。

　なお、植えつけ後数年経過し、茂りすぎている場合は、新しい枝を伸ばしている期間、梅雨前までに間引きの剪定をします。花がらがついている部分や込み合っている部分、また枯れ枝や弱っている枝を中心に透かすように剪定します。梅雨後に強く剪定すると、翌年の花つきが悪くなるので注意しましょう。

## フォステリー系の咲かせ方
・鉢栽培が向いている

　フォステリー系はニュージーランドの自生種の総称です。パセリのような葉も観賞できる常緑性で、雌雄異株、雄株にはタネがつきません。過湿や寒さに弱いため、鉢栽培にして、庭のポイントに飾りましょう。コンパクトにまとまるタイプも多いので、ハンギングバスケットにも利用できます。多くは関東以西の平地で屋外越冬し、寒冷地では防寒が必要です。

　剪定は枯れ枝や枯れ葉を取り除くように適宜行います。また、花後（開花期は３月中旬〜４月中旬）には、花が咲いていた部分を切り戻します。その後、新しい枝が多数出て、充実した部分に翌年の春に花を咲かせます。

　水はけのよい用土に植え、冬季は水やりを控えて管理し、春の開花を待ちます。

## モンタナ系の咲かせ方
・枝を下垂させても花をつける

　モンタナ系は前年に伸びて充実した枝の節々に花を咲かせ、開花最盛期には株全体がかわいい小輪花で覆われます。品種によっては香りもあり、だれもが一度は庭で咲かせたいと憧れる系統です。

　春先の剪定は、枝の先端を中心に枯れて芽のふくらんでいない部分を切ります。その後、勢いよく枝が伸びますが、誘引は枝同士がからまってかたまりができないように、全体に散らすように適宜行います。

　なお、植えつけ後数年経過し、茂りすぎている場合は、花後、梅雨前までに間引きの剪定をします。花がらがついている部分や込み合っている部分、また枯れ枝や弱っている枝を中心に透かすように剪定します。また、枝が全体的に伸びすぎている場合は、丈を半分程度に切り戻します。こうすることで、新しい健康な枝が出て株の更新になり、花つきもよくなります。ただし、梅雨後に強く剪定すると、翌年の花つきが悪くなるので注意しましょう。

　なお、モンタナ系の関東以西の平地の寿命は４〜５年ですが、これをマイナスと考えるのではなく、新しい品種に更新するチャンスと捉えたらいかがでしょう。モンタナ系は生育旺盛なので、すぐに生長します。近年、モンタナ系の新品種がふえているので、楽しみが多くなります。

## シルホサ系（冬咲き・落葉性）の咲かせ方
・夏に休眠する

　シルホサ系は休眠に入る前までに伸びて充実した枝の節々に直接花を咲かせます。10月中旬ごろより開花し11月には株全体に花をつけ、その後は新枝を伸ばしながらぽつぽつ春まで返り咲きます。６月には休眠期に入り、９月ごろまで地上部が枯れたようになります。耐寒性はやや弱く、南東北以西の平地では屋外越冬が可能です。

　剪定は、新芽の動きが確認できる９月に芽の動いていない枯れた枝を切ります。剪定後の誘引はオベリスクなどの立体的なものであればらせんを描くように、またフェンスなどの平面的なものであれば放射状またはＳ字を描くように行います。その後、旺盛に新しい枝が伸び始めるので、かたまりをつくらないように適宜誘引しましょう。

　なお、植えつけ後数年経過し、茂りすぎている場合は、新しい枝を伸ばしている期間、梅雨前までに間引きの剪定をします。花がらがついている部分や込み合っている部分、また枯れ枝や弱っている枝を中心に透かすように剪定します。梅雨後に強く剪定すると、秋以降の花つきが悪くなるので注意しましょう。

## アンスンエンシス類（冬咲き・常緑性）の咲かせ方
・冬にたくさんの花を咲かせる

　アンスンエンシス類は秋までに伸びて充実した枝の節々に花を咲かせます。夏場、強い日照で葉焼けを起こすことがありますが、基本的には丈夫で育てやすく多花性です。株が生長し充実すると100輪以上の花を咲かせることもできます。耐寒性はやや弱く、南東北以西の平地で屋外越冬が可能です。生育旺盛のため、他品種との混植にはむかず、フェンスなどに単独で育てます。

　剪定は枯れ枝や枯れ葉を取り除くように適宜行います。誘引は枝同士がからまってかたまりができないように、全体に散らすように適宜行います。

　なお、植えつけ後数年経過し、茂りすぎている場合は、新しい枝を伸ばしている期間、梅雨前までに間引きの剪定をします。花がらがついている部分や込み合っている部分、また枯れ枝や弱っている枝を中心に透かすように剪定します。梅雨後に強く剪定すると、翌年の花つきが悪くなるので注意しましょう。

# クレマチスの栽培カレンダー

関東以西の平野部標準です。

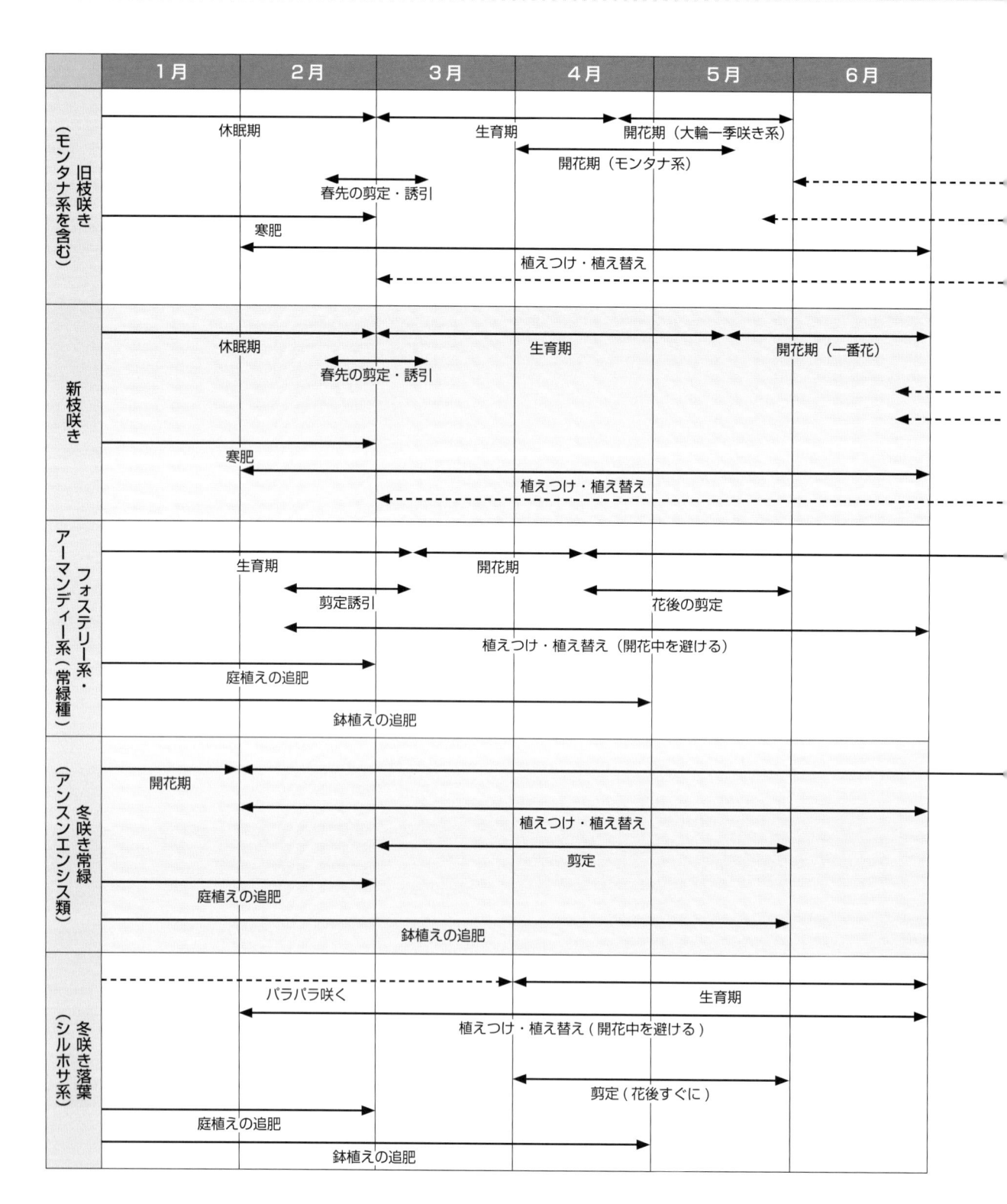

| | 1月 | 2月 | 3月 | 4月 | 5月 | 6月 |
|---|---|---|---|---|---|---|
| 旧枝咲き（モンタナ系を含む） | 休眠期 | 休眠期／春先の剪定・誘引／寒肥 | 春先の剪定・誘引 | 生育期／植えつけ・植え替え | 開花期（大輪一季咲き系）／開花期（モンタナ系） | |
| 新枝咲き | 休眠期 | 休眠期／春先の剪定・誘引／寒肥 | 春先の剪定・誘引 | 生育期／植えつけ・植え替え | 生育期 | 開花期（一番花） |
| フォステリー系・アーマンディー系（常緑種） | | 生育期／庭植えの追肥 | 生育期／剪定誘引／鉢植えの追肥 | 開花期／植えつけ・植え替え（開花中を避ける） | 花後の剪定 | |
| 冬咲き常緑アンスンエンシス類 | 開花期 | 庭植えの追肥 | 鉢植えの追肥 | 植えつけ・植え替え／剪定 | | |
| 冬咲き落葉（シルホサ系） | パラパラ咲く | 庭植えの追肥／パラパラ咲く | 鉢植えの追肥 | 植えつけ・植え替え（開花中を避ける）／剪定（花後すぐに） | 生育期 | |

## Column
### 寒冷地の注意⑤

・寒冷地だからこそ楽しみたい種類がある
　逆に、暑さや蒸れに弱く、関東地方以西の平地では育てにくいモンタナ系、アトラゲネ系、タングチカ系などは、寒冷地では比較的育てやすくなります。

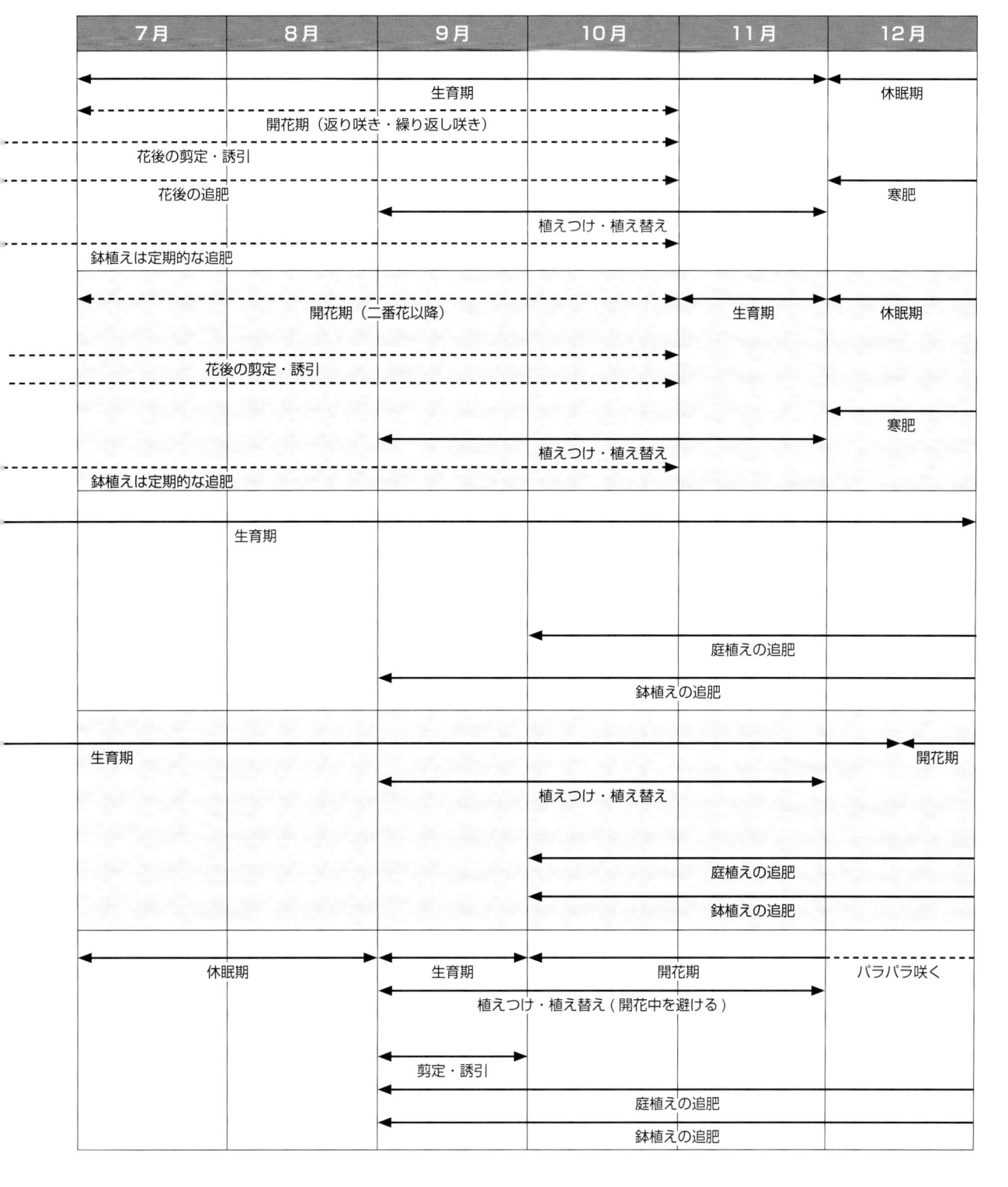

| 7月 | 8月 | 9月 | 10月 | 11月 | 12月 |
|---|---|---|---|---|---|
| ←――――――――生育期――――――――→ | | | | | 休眠期 |
| ←――開花期（返り咲き・繰り返し咲き）――→ | | | | | |
| 花後の剪定・誘引――→ | | | | | |
| 花後の追肥 | ←―――植えつけ・植え替え―――→ | | | | 寒肥 |
| 鉢植えは定期的な追肥 | | | | | |
| ←――開花期（二番花以降）――→ | | | 生育期 | 休眠期 | |
| 花後の剪定・誘引――→ | | | | | |
| | ←―――植えつけ・植え替え―――→ | | | | 寒肥 |
| 鉢植えは定期的な追肥 | | | | | |
| | 生育期――――――――――――――→ | | | | |
| | | ←―――庭植えの追肥―――→ | | | |
| | | ←―――鉢植えの追肥―――→ | | | |
| 生育期 | | | | | 開花期 |
| | | ←――植えつけ・植え替え――→ | | | |
| | | ←―――庭植えの追肥―――→ | | | |
| | | ←―――鉢植えの追肥―――→ | | | |
| ←――休眠期――→ | 生育期 | 開花期 | パラパラ咲く | | |
| | ←―植えつけ・植え替え(開花中を避ける)―→ | | | | |
| | 剪定・誘引 | | | | |
| | ←―――庭植えの追肥―――→ | | | | |
| | ←―――鉢植えの追肥―――→ | | | | |

# クレマチスの入手先ガイド (2016年4月10日現在)

クレマチスに力を入れている園芸店でも通信販売を行っている場合があります。
詳しくは、各ショップに直接お尋ねください。

## クレマチスが楽しめる観賞庭園

### クレマチスの丘
〒411-0931　静岡県長泉町東野クレマチスの丘（スルガ平）347-1
TEL：055-989-8787
URL：http://www.clematis-no-oka.co.jp/
※苗の販売もしています

### ガーデンカフェ・グリーンローズ
URL：http://www.geocities.jp/grg_greenrosegarden/

## ナーセリー（ネット通販）

### 及川フラグリーン
〒028-0134
岩手県花巻市東和町砂子1-403
FAX：0198-44-2402
URL：http://www.ofg-web.com/

### 春日井園芸センター
〒509-5312
岐阜県土岐市鶴里町柿野1709-120
TEL：0572-52-2238
FAX：0572-52-2238
URL：http://www.clematis-net.com/

### クレマコーポレーション
〒411-0931
静岡県駿東郡長泉町東野八分平270-17
TEL：055-986-8778
FAX：055-986-7487
URL：http://clematis.co.jp/

### 湘南クレマチス園
〒251-0043
神奈川県藤沢市辻堂元町3-7-24
TEL：0466-36-4635
FAX：0466-35-8317
URL：http://www.shonan-clematis.co.jp/

## クレマチスに力を入れている園芸店

### まつおえんげい
〒610-1151
京都府京都市西京区大枝西長町3-70
TEL：075-331-0358
FAX：075-331-8710
URL：http://matsuoengei.web.fc2.com/

### ガーデンセンター花の牧場
〒061-1421
北海道恵庭市牧場281-1
TEL：0123-35-2321
FAX：0123-35-2322
URL：http://www.hananomakiba.com/

### コテージガーデン
〒061-0502
北海道樺戸郡月形町字北農場1
TEL：0126-37-2185
FAX：0126-37-2189
URL：http://www.cgarden-hokkaido.co.jp/

### 雪印種苗園芸センター
運営会社　（株）グリーンプランナー
〒004-0031
北海道札幌市厚別区上野幌1条5-1-6
TEL：011-891-2803
FAX：011-892-7369
URL：http://snowseed-garden.jp/

### 花工房らら倶楽部
〒020-0585
岩手県岩手郡雫石町長山24 七ッ田27
TEL：019-692-6001
FAX：019-692-5466
URL：http://lalaclub.jp/

### 出羽園
〒990-2161　山形県山形市漆山427
TEL：023-684-7434
FAX：023-681-0206
URL：http://www.dewaen.com/

### フラワーガーデン泉
〒379-2116
群馬県前橋市今井町165-4
TEL：027-268-5587
FAX：027-268-5599
URL：http://www.fg-izumi.com/

### sekiguchi-dai | 音ノ葉 | oto-no-ha
〒112-0014
東京都文京区関口2-11-31
TEL：03-3942-0108
FAX：03-3947-1260
URL：http://oto-no-ha.jp/

### タカハシプランツ
〒184-0011
東京都小金井市東町1-45-21
TEL：0422-33-8407
FAX：0422-33-8407

### サカタのタネ
ガーデンセンター横浜
〒221-0832
神奈川県横浜市神奈川区桐畑2
TEL：045-321-3744
URL：http://www.sakataseed.co.jp/gardencenter/

### ズーニィ・ガーデン
〒381-0103
長野県長野市若穂川田874-6
TEL：026-282-7225
FAX：026-282-7226
URL：http://www.zoony.jp/

### おぎはら植物園
〒386-0151　長野県上田市芳田1193
TEL：0268-36-4074
FAX：0268-36-4076
URL：http://www.ogis.co.jp/

### ミヨシ直営店　ショップABABA
〒408-8533
山梨県北杜市小淵沢町上笹尾3181
TEL：0551-36-5918
FAX：0551-36-5900
URL：http://www.miyosi.co.jp/ababa/

### 豊田ガーデン
〒471-0834
愛知県豊田市寿町4丁目54番地
TEL：0565-28-2601
URL：http://www.kayutei.co.jp/

### カワシマ種苗
〒523-0816
滋賀県近江八幡市西庄町1246
TEL：0748-33-2119
URL：http://kawashima-seed.jp/

# クレマチス図鑑索引

※この索引は、図鑑ページのクレマチスの品種索引です。

**陽春園植物場**
〒665-0885
兵庫県宝塚市山本台1-6-33
TEL：0797-88-2112
FAX：0797-88-0397
URL：http://www.yoshunen.co.jp/

**錦幸園**
〒669-1515　兵庫県三田市大原393
TEL：079-563-3476
FAX：079-562-2910
URL：http://www.rakuten.ne.jp/gold/kinkouen/

**さいじょう緑化造園**
〒739-0007
広島県東広島市西条土与丸3-4-18
TEL：082-422-2079
FAX：082-422-6240
URL：http://www.saijo-ryokka.com/

**清光園芸**
〒710-0022　岡山県倉敷市早高24
TEL：086-420-1020
URL：http://www.seiko-engei.com/

**吉本花城園**
〒747-0045
山口県防府市高倉2-19-25
TEL：0835-22-5900
FAX：0835-28-7208
URL：http://www.yoshimotokajoen.co.jp/

**ガーデンセンター四季彩　石井店**
〒779-3201
徳島県名西郡石井町高原字中須135-2
TEL：088-675-3939
FAX：088-675-3930
URL：http://www.shikisai.bz/

◆参考文献
『クレマチス 育て方から最新品種まで』金子明人監修（NHK出版）、
『クレマチス』金子明人（講談社）、
『四季の庭を彩る はじめてのクレマチス』及川洋磨（家の光協会）

### ア
アヴァンギャルド …… 42
アサオ（麻生）…… 22
アフロディーテ・エレガフミナ …… 51
アラベラ …… 72
アリョーヌシカ …… 72
アルバ・ラグジュリアンス …… 51
インスピレーション …… 51
ヴィオラ …… 63
ヴィクター・ヒューゴ …… 29
ウィズリー …… 43
ヴィチセラ …… 62
ヴェノサ・ヴィオラセア …… 63
エトワール・ヴィオレット …… 51
エミリア・プラター …… 23
エリザベス …… 41
オドリバ（踊場）…… 78
オモシロ（面白）…… 23

### カ
カスム …… 51
キャサリン・クランウィリアム …… 22
キャロライン …… 8
ギャロル …… 43
キングス・ドリーム …… 79
グレイヴタイ・ビューティー …… 63
コイノシズク（恋のしずく）…… 79

### サ
サー・エリック・サビル …… 41
ザ・プレジデント …… 29
サンダー …… 73
シシマル（紫子丸）…… 29
ジャックマニー …… 50
ジョセフィーヌ …… 42
シロマンエ（白万重）…… 62
セム …… 78
ソシアリス …… 72

### タ・ナ
ダッチェス・オブ・アルバニー …… 50
ダッチェス・オブ・エディンバラ …… 8
ダリウス …… 63
チャイナ・パープル …… 73
テッセン …… 43
テラサワ（寺沢）…… 28
テンクウ（天空）…… 23
テンシノクビカザリ（天使の首飾り）…… 79
ナイト・ベール …… 22

### ハ
ハイリワ（這沢）…… 78
ハクレイ（白麗）…… 72
パゴダ …… 50
パステル・ピンク …… 73
バックランド・ビューティー …… 28
ハルヤマ（晴山）…… 63
ピール …… 78
ピクシー …… 8
ピンク・ファンタジー …… 43
フォンド・メモリーズ …… 8
フジムスメ（藤娘）…… 9
フスカ …… 28
プチ・フォーコン …… 73
フランチスカ・マリア …… 78
プリンス・チャールズ …… 51
ブルー・スプライト …… 79
フルディーン …… 43
ベティ・コーニング …… 9
ペトレイ …… 23
ペルル・ダ・ジュール …… 50
ヘンダーソニー …… 73
ホワイト・プリンス・チャールズ …… 23

### マ・ヤ
マズリー …… 28
マダム・エドワード・アンドレ …… 29
マダム・ジュリア・コレボン …… 78
ミクラ …… 29
ミケリテ …… 9
メロディー …… 62
モーニング・ヘブン …… 62
ユートピア …… 79
ユーリ …… 29
ユキノハナ（雪の華）…… 41

### ラ・ワ
ライジング・スター …… 23
リトル・ボーイ …… 43
リュウセイ（流星）…… 9
ルリオコシ …… 22
レディ・キョウコ …… 79
ロゼア（インテグリフォリア系）…… 73
ロゼア（ヴィチセラ系）…… 42
ロマンティカ …… 42
ワルシャフスカ・ニキ …… 63

監修者：

金子 明人（かねこ　あきひと）

1962年（昭和37）、千葉県生まれ。グリーンアドバイザー園芸ソムリエ1号。幼いころから園芸に親しみ、クレマチスの世界的権威である小澤一薫氏や猪野泰三氏にクレマチスの栽培、研究のノウハウを学ぶ。現在、日本のクレマチスの第一人者として、NHK「趣味の園芸」などで活躍中。
著書に、『クレマチス―育て方から最新品種まで』（共著、NHK出版）、『クレマチス』（講談社）、『人気のクレマチス』（主婦の友社）ほかがある。

著者：

及川 洋磨（おいかわ　ようま）

1979年（昭和54）、岩手県生まれ。東京農業大学造園科学科卒業。実家のクレマチス専門ナーセリー、及川フラグリーンに勤務しながら、クレマチスのかんたんな育て方、楽しみ方を日々研究している。「趣味の園芸」「花ぐらし」「BISES」など園芸雑誌で広く活躍している。
著書に、『四季の庭を彩る　はじめてのクレマチス』（家の光協会）がある。

# クレマチスの咲く庭づくり

2013年2月27日　第1刷発行
2025年9月8日　第5刷発行

監修者　金子明人（かねこ　あきひと）
著　者　及川洋磨（おいかわ　ようま）

発行者　石井亜樹
発行所　株式会社 講談社
　　　　〒112-8001　東京都文京区音羽2-12-21
販　売　☎03-5395-5817
業　務　☎03-5395-3615

編　集　株式会社 講談社エディトリアル
　　　　代表　柿島一暢
　　　　〒112-0013　東京都文京区音羽1-17-18　護国寺SIAビル6F
編集部　☎03-5319-2171

印刷所　TOPPANクロレ株式会社
製本所　大口製本印刷株式会社

定価はカバーに表示してあります。
本書のコピー、スキャン、デジタル化等の無断複製は、著作権法上の例外を除き禁じられています。
本書を代行業者等の第三者に依頼してスキャンやデジタル化することは、たとえ個人や家庭内の利用でも著作権法違反です。
落丁本・乱丁本は購入書店名を明記のうえ、講談社業務あてにお送りください。
送料は講談社負担にてお取り替えいたします。
なお、この本の内容についてのお問い合わせは、講談社エディトリアルあてにお願いいたします。

N.D.C.627　95 p　26cm
©Akihito Kaneko, Youma Oikawa 2013, Printed in Japan
ISBN978-4-06-218191-4

KODANSHA

Special Thanks
斉藤よし江

執筆：
金子明人
杉本公造（春日井園芸センター）
松尾正晃（まつおえんげい）
冨永禎晃（まつおえんげい）

写真撮影：
森 清、山口隆司、林 桂多（以上講談社写真部）

写真提供：
今井秀治、及川フラグリーン、春日井園芸センター、金子明人、川那辺由里子、草間祐輔、クレマチスの丘、佐久間京子、中村 朋、西居秀明、藤川志朗、まつおえんげい

編集・撮影協力：
小田部雄二、音ノ葉、ガーデンカフェ・グリーンローズ、小嶋めぐむ、佐久間京子、
プロトリーフ ガーデンアイランド玉川店

寄せ植え制作：
宮澤桂子

イラスト：
梶原由加利

デザイン：
日高慶太（モノストア）

DTP：
朝日メディアインターナショナル